小林市写真館

話題の動画
『ンダモシタン小林』が見せた小林

小林市は
PR 動画『ンダモシタン小林』によって、
一躍脚光を浴びた。
そこには、
まず小林の豊かな自然が登場する。

▲　市内には数多くの湧水がある。

▲　小林は、かつて５回も「星空の美しいまち日本一」に選ばれた。

続いて３本のPR動画が作られた

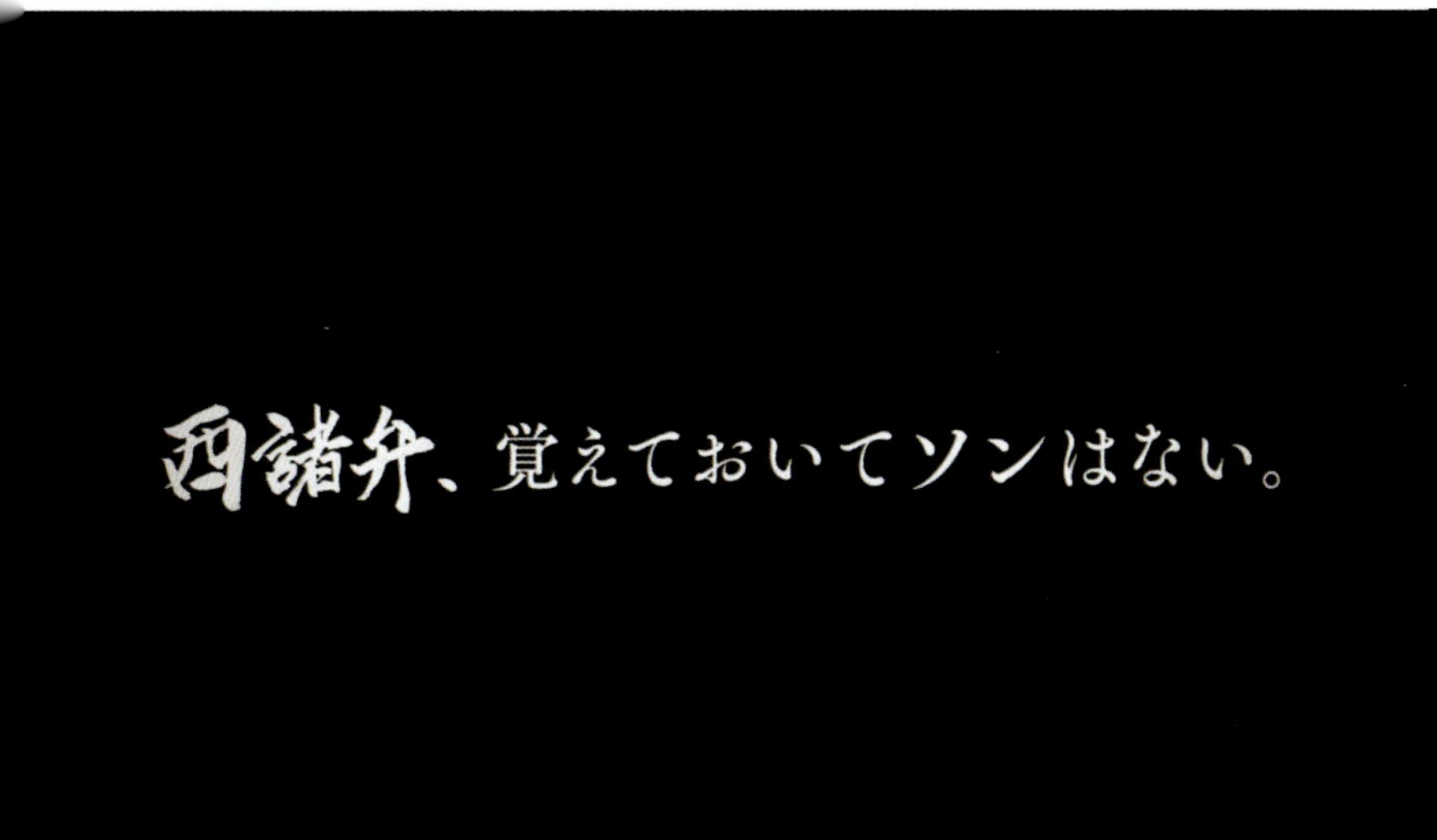

▲　PR 動画第２弾は地元の高校生たちがプランを練った。

▲◀　pR動画第3弾は市民のアイデアで作られた。

▲　PR 動画第４弾には何人もの「小林市長」が登場した。

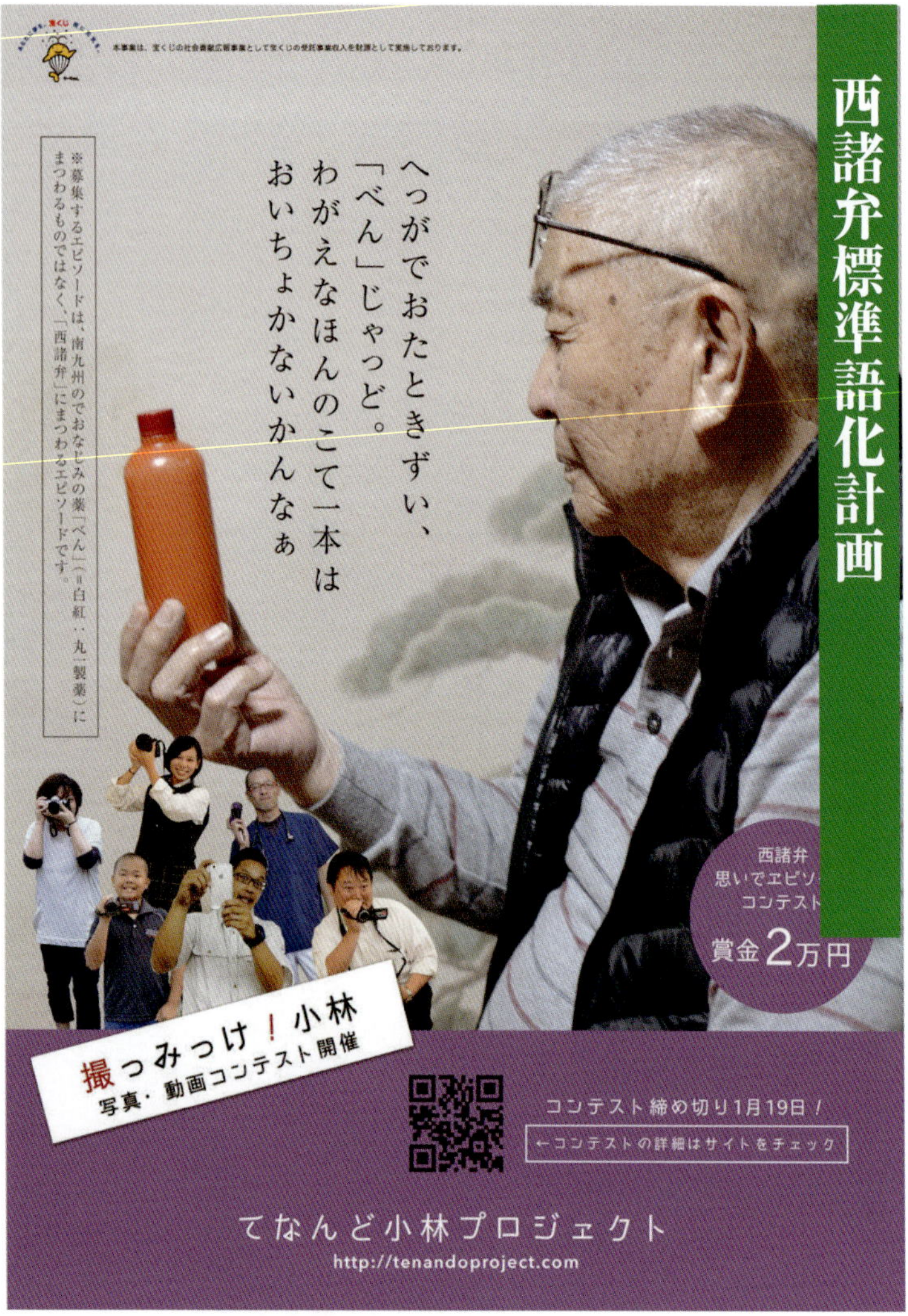

▲　てなんど小林プロジェクト「西諸弁標準語化計画」の目玉としてスタートした西諸弁ポスター。第一号はこれだった。

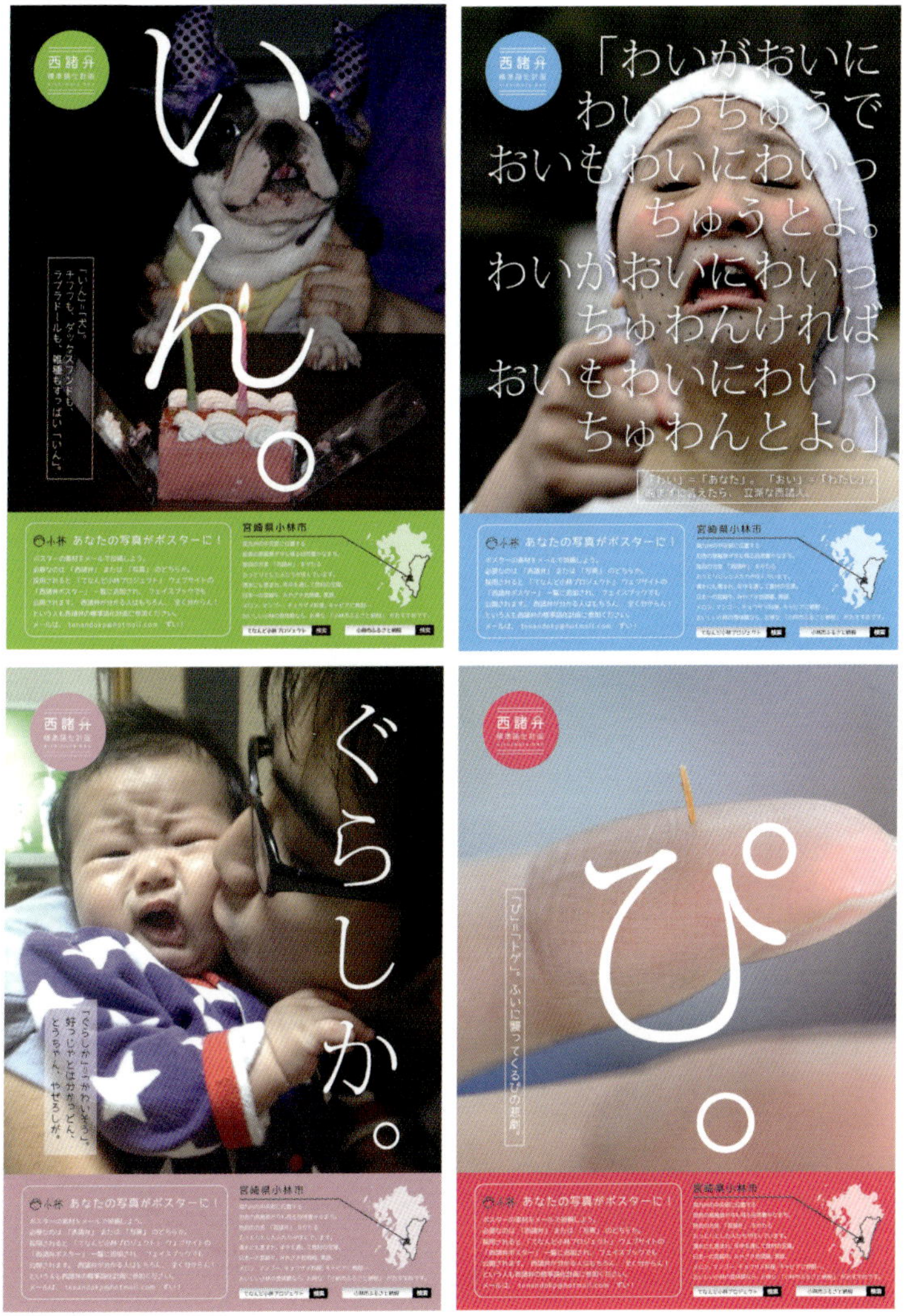

▲　ポスターの試みは成功し、次々と西諸弁ポスターは作られていった。

▲　西諸弁のパワーはポスターだけでなく、様々な西諸弁関連グッズやアプリを生み出した。

三之宮峡

小林市が誇るパワースポット

▲　三之宮峡遊歩道は全国散歩道百選にも選ばれている散策道。かつては木材や木炭を運ぶトロッコ道としても使われていた。

陰陽石

▲　自然が生み出した世界でも稀な奇石。男石と女石とが対になっていて、生産の神、子宝の神として信仰されている。ちかくに、独特のオブジェも置かれている。

霧島岑神社

▲創建年代は不明ながら、すでに平安時代初期には朝廷より位を授けられたという記録がある。皇室の祖先と言われる日向三代にかかわりの深い神社として知られる。

数多くの湧水

▲▶ 小林は湧水の豊富なところ。町を歩いていても、いたるところで湧水をみかけるのだ。

小林周辺のパワースポット

霧島東神社

狭野神社

▲　どちらも、小林市に隣接する高原町にある神社。こちらも神武天皇や皇室との縁が深い。

貴嶋ユミさんとその作品

小林が生んだ偉大な画家・貴嶋ユミさんとその作品。

貴嶋さんは、点描の技法を使い、古代をモチーフにした作品ばかりでなく、世界を旅した際に見た砂漠の風景などを数多く描いている。

黒木国昭さんとその作品

今や世界的なガラス工芸作家として知られる黒木国昭さんも小林市出身。

海外でも度々、作品を発表している。これらはガラス工芸の本場・イタリア・ベネチアの作家たちをも唸らせた作品群だ。

小林が誇る特産物・グルメの数

▲　すき栗と柚子は小林を代表する食材だ。

▲　水の良さを誇る小林でとれたシリカ水。

◀　育毛剤の原料になるエビネ。

▲　いい水だからこそ、いいクレソンが育つ。

▲▶　にぎり寿司の具に、弁当のおかずにと、チョウザメは使われている。

ぜひ立ち寄りたい小林スポット

かるかや

▶わらぶきの古民家風宿泊施設。自然と湖を中心とした公園の中にある。

北きりしま コスモドーム

◀宮崎県ではここにしかいない「星のソムリエ」が宇宙の魅力を語ってくれる。

森永貞一郎記念館

▶小林市出身の元日銀総裁・森永貞一郎氏の功績を記念した施設。

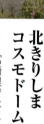

動画『ンダモシタン小林』から辿りついた小林市の美と元氣を創る「匠」たち

山中伊知郎

山中企画

はじめに

それは衝撃的といえば、確かに衝撃的な出会いだった。

知人から「ネットで面白い地方PR映像がアップされてるよ」と教えられて見た、1本の動画。

さっそく家に帰ってパソコンを開いた。

まるでオシャレなフランス映画を思わせるような美しい映像。そこに住むフランス人が、ある九州の小さな街を紹介して歩くものだ。

豊かな自然があり、清らかな水、美しい星空、おいしい食べ物や温かみのある懐かしい人たちがいる、と。

いわゆる「街のPRムービー」と呼ばれるものはいくつも見たことがある。そのどれにも、地域の名所旧跡や、おいしい食べ物や、自然が定番のように出てくる。

が、この動画は、どうもテイストが違う。登場する市自体は、どうやら日本中探せばどこにでもありそうな「イナカの街」なのだ。だが、作られた映像は凝りに凝っている上に、全編に流れる独特の「詩情」がある。これはどうやら、メインキャストであるフランス人が語る流麗なナレーションに起因しているらしい。

まるで昔訪れたかもしれない、不思議な「夢の国」をさすらっているかのような錯覚。

そして、ラストには、予想もしてなかったような「どんでん返し」！

ま、まだご覧になっていない方のために、「どんでん返し」のタネ明かしについては、あえて、ここで語るのはやめておこう。

ビックリした。こんな「芸術作品」に仕上がっている「街のＰＲムービー」があるなんて！

で、身近な知り合い数人に、「あの動画、知ってる？」とたずねてみると、ほとんどの人たちが、すでに知っていた。ＹｏｕＴｕｂｅで公開されたのが２０１５年８月で、全国放送のテレビ番組でも何度か取り上げられていたらしい。私は公開から半年以上たってからこの動画の存在を知ったことになる。

つまりは自分だけ流行から取り残されていたのだ。

とにかく、この動画によって、舞台となった「小さな市」への興味が沸き始めた。

この奇妙なPR映像を作ったのは、いったいどんな市なんだろう？

どんな意図があって、こうした一風変わった内容にしたのだろう？

だいたい、あんなイナカの町で、国際映画祭ででも上映されそうなあんな映像を作れる人物やスタッフはいるのだろうか？

動画のタイトルは「移住促進PRムービー『ンダモシタン小林』」。

市の名前は宮崎県小林市。

「移住促進」と謳うからには、おそらく日本中どこにもある、人口減に悩む地方自治体の一つなのだろう。そこから突然変異的に日本全国、いや全世界に発信された不思議ムービー。

この動画のYouTubeでの再生回数は、公開1か月後で140万回を超えたという。

そして、小林市のPR動画は一作だけでは終わらなかった。

地元の高校生たちがプランナーを勤め、地元の方言・西諸弁を語る神様が登場する第2弾「山奥」編。市民のアイデアを利用した、小林市のナマの野菜のおいしさを強調した第3弾「とれたて仕立て」編。

第4弾では、なんと名前が「小林さん」の青森・八戸、東京・小平、神奈川・厚木の三つの市の「小林市長」と小林市がコラボして、一度に4市のPRをしようという、とんでもない動画が作られた。はっきり言って、相当な悪ノリ。


まさしくそのパワーたるや、おそるべし。

日本の端っこの県・宮崎の、そのまた端っこの市である小林の、いったいどこにそのエネルギー源があるのか、正直、不思議でならなかった。

これは直接、行ってみるしかない、と思った。

目次

第一章　「てなんど小林プロジェクト」と二人の「匠」

小林市ってどんなところ？

行く前に、おおよその小林市情報を調べてみる。

位置としては、宮崎県の南西部にあたり、北側で熊本県、南西側で鹿児島県に接する県境地域。５６０平方キロあまりの広さのうち４分の３が森林というのだから、これは否定しようもない「イナカ」だ。

人口も４万７千人くらい。県内随一の都市・宮崎市が人口40万人前後なので、規模としてはその10分の１くらいか。

南西部に霧島連山、北部に九州山地の山々が連なっていて、美しい自然があるのは『シダモシタン小林』でも紹介されていた。

自慢は、かつて「星空の美しいまち日本一」に5回も選ばれたことと、市内に約70カ所を超える湧水があること。

総体的にいって、美しい自然に恵まれているのはよくわかったものの、じゃあ、日本にある数多くの市町村の中で、特別に輝かしいセールスポイントがあるか、となる

小林市
宮崎市まで
約1時間
宮崎市
須木エリア
えびの市
えびのIC
小林市
小林エリア
綾町
小林IC
野尻エリア
至 宮崎市
高原町
都城市

とどうもよくわからない。

よりストレートにいえば「さほど大きな特徴はない」ところ。

全国の多くの地方都市と同様に高齢化と人口減少は着々と進み、市役所でも、2030年には人口が3万9千人程度にまで減少するだろう、と予測している。


ただ一つ、その市役所発信で、妙な試みをしているのが目に付いた。「てなんど小林プロジェクト」と命名された、市の定住人口増加と、市の外部に住む人たちとの交流を拡大しようとするチャレンジだ。スタートは2014年。

こうしたものは他の市町村でもしばしば見かけるものの、プロジェクトが特にプッシュしてきたのが、地元の名産品とかではなく、「西諸弁」という地元の方言だったあたりがちょっとユニークだ。

だいたい「てなんど小林プロジェクト」の「てなんど」とは西諸弁の「てなむ」(「一緒に」の意味)と「ブランド」をくっつけた造語。「みんな一緒に小林のブランドを上げていきましょう」との目的を表すとか。

しかし、この西諸弁、他の地方の人間が聞いてもちっとも意味がわからない。たと

えば
「うかぜで　おかんが　ちんがらっ」

わからないでしょ？　「風邪ひいてお母さんがチンガラッとひっくりかえった」とでもいう意味かと思いきや、正解は「台風で広い道路がムチャクチャになった」ということらしい。

こんな「西諸弁」を起爆剤に、市民を元氣にして、外にも小林の存在をアピールしていこうとしたのだから、考えた人たちはいい度胸している。

ちなみに小林は、江戸時代は薩摩藩の一部。おかげでこの「西諸弁」も、宮崎弁よりも鹿児島弁の方に近いそうだ。


さっそくぶち上げたのが「西諸弁標準語化計画」。西諸弁を使ったポスターを次々と制作した上に、市民が参加する写真、動画コンテスト、地元の人がデザインする西諸弁Tシャツ、地元劇団企画・制作による西諸弁動画のWEB配信と、立て続けにアイデアが実行されていく。

大ブレークした『ンダモシタン小林』もこの流れの一つであって、「ンダモシタン」

とは「あらまぁ」と驚きをあらわす西諸弁なのだ。

プロジェクトを始めて1年過ぎ、この『ンダモシタン小林』によって、小林市を世に広める狙いが、見事に成功したわけだ。

市長はハンコを持つ手が震えた

いよいよ現地に足を踏み入れる。

降り立ったのは宮崎空港ではなく鹿児島空港だ。西諸弁で分かる通り、小林がどちらかといえば「宮崎文化圏」と言うより「鹿児島文化圏」なのを、その距離で実感した。高速バスで鹿児島空港から小林インターチェンジまでが約50分。一方、小林インターから宮崎駅までは1時間半近く。鹿児島の方がずっと近い。

バスは九州自動車道から、あまり人家のない、ほぼ山の中といっていい宮崎自動車道を走って小林インターに着く。そこから小林の市街地に向かう路線バスは廃止になっていて、1日おきにコミュニティバスが走ってはいるらしい。ただ、本数も少なく、あまり実用的ではない。知り合いに車で迎えに来てもらうか、タクシーを呼ぶか

肥後正弘・小林市長

が一般的だ。

市街地の中心部まで距離は4～5キロ。車なら10分くらい。

さっそく向かったのは小林市役所だ。

入口で小林市の観光イメージキャラクター「こすモ～」も出迎えてくれる。

まずはご挨拶もかねて、市長室に肥後正弘市長を訪ねる。

「あの動画を初めて見た時は、これをはたして公開していいんだろうか、と決裁のハンコを押す手が震えたな」

市長、正直に告白してくれた。

もちろん「てなんど小林プロジェク

ト」推進の旗振り役になったのは市長自身でもあるし、PR動画の予算を付けたのもそうだった。出来れば他の市町村とは違う、小林らしい作品が生まれるのを願ってもいた。

ただ、行政の予算で作るものでもあり、あくまで常識の枠内で出来上がってくるだろう、と考えていたのだ。

ところが「お堅い教育映画」をイメージしていたら、『ンダモシタン小林』は「耽美的フランス映画」のような映像になっている。

「言葉こそが宝、という発想もいい。小林の良さもちゃんと紹介してくれている。民間の企業が流すCMなら最高ですよ。しかし行政としたら、ユニークすぎないかな、とのちゅうちょはあった」

意を決してハンコを押したら、「行政らしくない作品」として大絶賛を浴びた。市長曰く、

「まさかあそこまで騒がれるとは思わなかった」ほどの反響だった。

そうなると市長もノッてくる。

増えつつある内外の小林のファンたちに向けて「こばやしファン・サポーターズ

CLUB」のカードを作ったり、動画第4作で全国の「小林市長」に、「ウチとコラボしましょう」と呼びかけたり。

おかげで、年間100件だった移住相談の件数も倍に増えたし、「ふるさと納税」も、2014年度は1億2千万円だったのが、2015年度は7億3千万円までアップしたらしい。

手を震わせながらハンコを押した決断が、素晴らしい結果を生んだのだ。

その市長が、

「てなんど小林プロジェクトの実務は、彼が中心になってやっている」

と紹介してくれたのが、地方創生課の柚木脇大輔さんだった。

プロジェクトのターゲットは市民と出身者

柚木脇さんは38歳。生まれも育ちも小林で、大学時代の4年間を福岡で暮らしたが、卒業後はすぐに小林に戻って市役所に入った。

それからは市の教育委員会、財政課、野尻庁舎の地域振興課、企画政策課と部署を移っている。その企画政策課にいた2年目に立ち上がったのが「てなんど小林プロジェクト」だった。

「ずっと何かやりたいな、とは思っていたんです。人口流出に危機感は持っていたし。ただ個人単位でできるものではないし、いったい何をどうやればいいかわからなかった」

東京のような都会に出て物産展をやるといったシティプロモーション、シティセールスはどの市町村でもさんざんやられている。だが、それほど目立った成果は見られない。

一方で、街の魅力発信を、市民や首都圏に住む出身者らを中核に進めている愛媛・松山の「だんだん松山プロジェクト」などには、惹きつけられるものを感じた。伊予弁という方言の普及に力を入れたり、WEB広告を有効利用するなどの手法に将来への可能性をみたのだ。

ただ、市の規模からいって、小林が松山と同じことをやるのは到底無理だろう、とも半ばあきらめてもいた。

同じ企画政策課に所属する鶴田健介さんとは、「必ずなにかやろう」とは話し合っ

柚木脇大輔さん

ていたものの、なかなか落としどころが見えない。

市長からも、「小林を活性化するいいアイデアがあれば、どしどし取り入れる」とハッパをかけられていたものの、さてどこから手をつけたらいいのやら、焦点を絞ろうとするだけで、鶴田さんとの話は堂々巡りだったそうだ。

「人の良さ」「豊かな自然」「おいしい食べ物」を売りにするといっても、それだけなら、別に小林でなくても、日本中どこにでもある。

まず「小林らしさ」を発見しなくては・・・・。

２０１４年、「てなんど小林プロジェクト」は、その「小林らしさ発見」をテーマにスタートした。

「最初に発想を変えてみたんです。どこでも地方の活性化というと、まず他の地域から移り住む定住人口や、観光にやってくるような交流人口を増やそうとする。だが、それではハードルが高い。せめて、市外にいても小林に関心を持ってくれる人たち、小林を活気づける協力をしてくれる人たちを増やしたい、と考えたのです」

つまり柚木脇さんたちがメインターゲットとしたのは、小林に縁もゆかりもない人たちではなく、小林出身者と現在も住んでいる人たちだった。

内外の関係者が集まって、みんなでワイワイやる中で、小林を盛り上げる何かがうまれればいい。

幸い、宝くじの収益金を補助金として使えるシステムがあり、プロジェクトには２００万円の予算もついた。

西諸弁を「発見」！

とはいえ、ターゲットを決めても現実に活動の柱となる「小林らしさ」の具体例が決まらなくては、どう動きだしていいかもわからない。

行政の人間だけで会議をしていてもラチがあかない可能性が高い。まず行政の外の人たちに呼びかけて集まってもらい、アイデアを募ることにした。「ワークショップ」の開会だ。

ワークショップには、長く地元に住む一般市民、市民劇団の劇団員、高校の先生、東京から出向中の民間職員、国際交流員など、出来るだけ幅広い意見が出てくるようなメンバー構成になった。

アイデアは出まくった。フェイスブックやツイッターなどを開設して、SNSで「小林らしさ」、風景の美しさや人の営みを発信しようとの試みはすぐに実行にも移された。

もともとネットで「小林市」と検索しても、ホームページの他は、せいぜい2ちゃんねるでの小林の評判くらいしか出てこない。とりあえず風景や名所くらいは出てくるようにしたい。そのために、地元の景色や人間を撮る写真や動画のコンテストをフェイスブック上で始めたりはした。

ただ、活動全体の肝にするべき「何か」はなかなか見えてこなかった。写真コンテストだけなら、他の自治体でもいくらでもやっている。


そういう時に、柚木脇さんが思い出したのが、ある、表紙もボロボロになりかけていたパンフレットだったという。

タイトルは『西諸弁　旧薩摩藩の言葉』。

大学を卒業して市の教育委員会に配属された際、上司の課長から、半ば強制的に一冊２００円で売りつけられた一冊。中身は、西諸弁と標準語、それになぜか英訳された言葉が一覧表になって書かれているもので、

西諸弁	日本語（標準語）	英語
あい（か）	あれ（か）	that (is that?)

あい（か）	ある（か）	is (is there?)
あいがな	あります	there is
あいがともっしゃげもした	ありがとうございました	thank you

なんて具合に紹介されている。

作られたのは1995年。当時、小林市に国際交流員としてやってきていたジョン・ミラニーズというアメリカ人の方と、市の企画調整課長をやっていた森岡正英さんの共著。

前書きには、ミラニーズさん自身の言葉で、

「方言を失うと自分の歴史やアイデンティティーも失うという懸念がある」

「小林に住んだものとして、私は西諸人間ではなく、日本人でもないが、西諸弁を大切にしたい」

との熱い思いが綴られてもいる。

柚木脇さんは、当時の上司である社会教育課長の堀英博さんにこのパンフレットを買わされた折に、一言、こう言われたという。

「これが、やがてキミを救うから」

なぜ課長がそんなふうにつぶやいたのか、意味もわからないまま受け取ったものの、捨てるにもしのびない。かといっていつか役に立つとも思えない。とりあえず手元においてl5年、ついに「小林らしさ」が「西諸弁」とつながった。

そうか、小林らしさとは、西諸弁の中にこそあるんだ、と。方言がコンプレックスになるかもしれないが、小林の住民や出身者にとっては郷土愛やノスタルジーを呼び起こす大切な「宝」でもあるのだ。

ワークショップが生んだ西諸弁ポスター

ワークショップでの話し合いの中で「西諸弁標準語化計画」の骨子が固まっていった。

最初に実行されたアイデアは、「西諸弁エピソードコンテスト」だった。小林出身で東京などに出て行った人、また旅行で他の町に行った人などが、西諸弁をうっかり使ったことで、どんな恥ずかしい体験、嬉しい体験、感動した体験をしたか？ 募集をかけ、集まったエピソードはサイトで公開された。

ワークショップで西諸弁標準語化計画の骨子が固まった

ただし応募作品は約30。

期待した数よりずっと少なかった。

しかし、そこから次につながる金のタマゴが見つかったのだ。

それは、通称「べん」と呼ばれる、南九州の多くの家で常備されている塗り薬のエピソードで、やはり肩や腰に痛みが走ったら「べん」を塗るのが一番だな、というローカルそのものの話題だった。

ワークショップで、「この話、ポスターにしてみたら面白いんじゃないの」となって、さっそくみんなで動き出した。

まず製造する製薬会社の了承を取っ

た上で、メンバーの一人の祖父にモデルになってもらい、「べん」を手にした写真を撮る。コピーは、もろ西諸弁。
「へっがでおたときずい　「べん」じゃっど。わがえなほんのこて一本は　おいちょかないかんなあ」（標準語訳・痛みが出たら、「べん」がいい。私の家でもホントに1本は置いとかなきゃいけないなぁ）
他の地域の人間にとっては、どういう意味だかさっぱりわからない。

ところが、これが地元の人や出身者たち、要するに柚木脇さんたちがターゲットとみている層には熱狂的にウケたのだ。郷土愛を刺激する、いわば起爆剤になった。

「もっとたくさんいろんな西諸弁を使ったポスターを作ってくれ」の声とともに、自作でデザインしたモノをネットで投稿してくる数も増えていく。

予算ゼロで始まったこの「西諸弁ポスター」、当初はフェイスブックなどで公開するだけだったのが、購入希望者が多く、市役所のプロッターで印刷して、実費換算の500円で販売するまでになっていった。

やがてはポスターにとどまらず、Tシャツ、ポストカード、カレンダーなど、コラボ商品が続々と生まれる事態になる。

西諸弁標準語化計画は、一定の成果をあげて次のステップに向かっていった。

「ぜひ講演会をやりたい」

ポスターが話題を呼びだしたちょうどそのころ、小林市役所は、あるおかしな一本の連絡を受けた。

「私は小林出身の人間で、ぜひ地元で学生たちを集めて講演会をしたい」

胡散臭いこと、この上ない。自分から「講演会開きたい」なんて役所に電話をかけてくる人物なんて、聞いたこともなかったからだ。普通、講演会とは、役所の側がしかるべき「先生」にお願いしてやっていただくもの。

もっと話を聞いていくと、どうやらその人物、東京でアニメやテレビのCMを作って、いくつもの賞を取ってもいる人らしい。柚木脇さんも、

「ますます怪しくなりましたよ。なぜそんな人がわざわざ連絡してくるのか。講演会で、多額の講師料を要求してくるつもりじゃないのか、などと疑ってしまいました」

もっとも、その人物が小林高校の2年後輩だと知って、やや警戒感も薄れていった。その人物いわく、「自分は小林の小中高生たちに夢の大切さを伝えたい」

自分も小林にいたころは、たとえば東京に行けばどんな仕事があるのかといった情報もなく、夢が持ちにくい環境にあった。せっかく、キチンと道が見えればその目標に向けて頑張れるのに、道しるべがない。自分がそれを提供したい、と彼は熱く語るのだった。

電通でコミュニケーション・プランナーとして活躍する越智一仁さんだった。

「何度か話しているうちに、彼が本当に地元の若者のために動きたいという思いが伝わってきました。しかし、そう簡単に何かをお願いできるわけではありません」

講演会を具体化するのも難しい。半年ほどは互いに「何かできないか」と連絡をとり合うだけにとどまっていた。

そして『ンダモシタン小林』は生まれた

プロジェクトが進行する中で、やにわに「小林のＰＲ動画を作ろう」と提案したのは、肥後市長だったという。

「企業がCMを作ってそれが話題になることは多いのに、自治体が作ってもなかなか盛り上がらない。話題になる動画を作ってネットにも流せばいいじゃないか」

市長は本気だった。行政が作ったありきたりのモノとは違う、小林独自のモノを作ろう、と。まさか、あとで本当にユニーク過ぎる作品が出来て、決裁のハンコを押す手が震えようとは、この時点では想像もしていなかったのだろう。

もっとも、予算は少ない。4本まとめて800万円。一本作るのに千万単位かけるのが当たり前のテレビCMと比べても、圧倒的に少ない。

さて、市長に「作れ」といわれても、柚木脇さんとしては、いったいどんなものを作ってどう発信していったらいいのか、さっぱりわからない。

これは「映像のプロ」である越智さんに、一度、じっくり教えを乞うしかないな、と考えたのだ。もちろん越智さん自身に制作をお願いしよう、なんて気持ちはこれっぽっちもない。

この程度の予算で「プロ」に頼むなんて恥ずかしいのくらいは、わかっている。

小林出身者のよしみで、ぜひアドバイスをいただきたかっただけなのだ。

ところが、「一度会って話を聞きたい」と連絡した2週間後、いきなり帰ってきた答えが、

「ボクらで作ります」

とても予算は増やせない事情を伝えても、

「いいです。別に望んでませんよ」

たちまちトップクラスのスタッフを集めて、『ンダモシタン小林』を作り上げてしまった。

はからずも「小林の若者たちに、仕事の楽しさ、夢の大切さを伝えたい」との越智さんの思いは、そのPR動画の第2弾で実現する。地元の高校生たちをCMプランナーに起用し、越智さんたち講師陣が、実際に彼らの前に立って、まずプランの立て方をレクチャー。さらに撮影現場ではスタッフの仕事ぶりを見学したり、仕事の手伝いをしてもらったりもしたのだ。

続く第3弾では市民を巻き込み、第4弾は全国各地の「小林市長」も巻き込み、「小林のPR動画」は単なる一過性の流行りものに終わらず、地に足のついた「小林の特

産物」に成長していく。

企業までノッた『ンダモシタン小林』

『ンダモシタン小林』は、50本ものテレビ番組で取り上げられ、視聴者が選んだ広告コンクールのJAA広告大賞で経済産業大臣賞（最高賞）まで受賞した。

中でも柚木脇さんにとって驚きだったのは、各種企業から声がかかるようになったことだという。

たとえば2015年に東京ビッグサイトで開かれた『IGAS2015』という印刷機材のイベントでは、リコージャパンのバックアップで、小林市のブースが設置されたりもした。動画の上映はもちろん、西諸弁グッズの販売、ふるさと納税のコーナーなど、地方創生にはうってつけのステージだったらしい。なにしろ来場者トータル7万人の中でPRできるのだから。

他にもNTTデータの主催で行われている「アイデアソン」というイベントでも、「小林市」がテーマとしてとりあげられたり、予想していた枠を大幅にこえて、すさまじい反響があった。

「結局、他と比べなかったのがよかったんでしょう」

と柚木脇さんは分析する。確かにいろいろな自治体のプロジェクトを見て、松山のやり方はいいな、と感じたりはした。でも、そのマネをできるとも思わなかったし、する気もなかった。他が何をやっているかを過剰に意識するのではなく、やれそうなところから手をつけていくしかなかった。

それに行政主導ではなく、あくまでも「てなんど小林プロジェクト」の頭脳はワークショップである、と割り切ったのもよかったかもしれない、ともいう。

ワークショップのメンバー一人ひとりは、義務ではなく楽しみとして参加し、「これって小林を盛り上げるのにいいかも」「市民が楽しめるよね」とアイデアを持ち寄ってくる。

「考えるのは本来、僕らじゃない。市民の皆さんなんです」というのが柚木脇さんのスタンスなのだ。

この次は「小林てなむ」さん

とはいえ、いつまでも「よかった、よかった」では済まされない。最初の目標だった移住者の増加もさほど目立ったほどではない。『ンダモシタン小林』は小林市に関心を持ってもらうキッカケにはなっても、わざわざ住んでみようとする人間はあまり増やさなかった。

一方で、もはや日本全国が人口減少時代に入っている中で、そればかりにこだわっていても仕方ない、と考える人も多い。「てなんど小林プロジェクト」は、今後、どのような情報発信をしていくつもりなのか？

「そんなにセカセカしないで、小林らしいペースでやっていこうというのが一番でしょう」

『ンダモシタン小林』ブームが起きた時には、東京のマスコミもやってきて、あわただしい都会のペースに引き込まれてしまった時期もあった。だが、一段落して落ち着いてみれば、あくまでメインターゲットは市民と出身者。無理に背伸びせず、自分たちのやれるペースで続けていけばいい、と気付いたという。

名産品となったPR動画にしても、2016年の予定は2本。

西諸弁グッズについては「認定制度」をとって、小林市を活性化してくれそうな商品については、積極的に告知もしていく。


もう一つ目玉として出てきている企画が「小林てなむ」さんだ。

小林市在住の農業，64歳の「小林てなむ」という架空のキャラクターを作り、彼の長年の夢だった「日本一周の旅」をスタートさせる設定にする。

それで小林に関わりのある全国の人たちに、リレー形式で、旅慣れていないてなむさんのために、今、自分が住んでいる場所、大切にしている場所などの道案内をしてもらう。旅の様子はネットを通して広く流れ、小林市のPRになるだけでなく、小林と全国各地を結ぶパイプの役割も果たす。

「問題は、どう市民の皆さんや出身者の方々に楽しんでいただけるかです」

着々と「てなんど小林プロジェクト」を推し進めていく柚木脇さんには、いくつかの素材を選び、組み立てて一つの形にまとめていく「匠」の匂いがした。

映像の「匠」越智一仁さんと故郷・小林

「匠」となれば、実際に『ンダモシタン小林』を企画立案して、具現化させた越智一仁さんこそ、まさしく「匠」そのものだろう。

高校までを小林で過ごした越智さんにとって、夏になると地元の川などで泳いだのが忘れられない思い出だという。

大学を出て、広告代理店・電通でＣＭやアニメーション、ＷＥＢムービーなどのプランナーとなった越智さん、故郷と再び関わろうと考えたキッカケは、自ら制作したアニメーション作品が、海外で大きな賞を取ったことだった。

２０１４年、クリエイティブディレクターとして作品作りに関わった王子ネピアの広告作品「Tissue Animals」が、「アニメのアカデミー賞」フランス・アヌシー国際アニメーション映画祭のコミッションドフィルム（広告作品）部門で、クリスタル（グランプリ）を受賞したのだ。

知人から、「そういう話はなるべく故郷の人たちに伝えて、地元が元氣になるため

越智一仁さん

に役立てた方がいい」とのアドバイスを受け、さっそく宮崎県庁、小林市役所、地元新聞社、放送局に連絡をいれた。

越智さんとしては、自分自身の経験を語ることで、少しでも地元の若者たちに「やる気さえあればどんな仕事でもやれる」という希望を持ってほしいと考えていたのだ。

「ぼくの高校時代を思い返しても、小林にいたら、たとえCMを作りたいと思っても、いったいどうすればそんな仕事につけるか、情報が入ってこないわけです。夢を持っている人たちに、それはこうすれば叶うかもしれないよ、とアドバイスがしたかったんです」

いわば故郷への地元貢献。

実際に新聞、テレビは越智さんの受賞を取り上げ、出身校の小林高校のOBだよりからは、原稿依頼が来た。

ただ、「ぜひ小林の若者たちの前で話がしたい」との希望は、その時点では実現しなかった。

「僕がやります」

小林市役所から、動画についてのオファーがあったのは2015年の春になってからだという。柚木脇さんの上司にあたる安楽究（きわむ）さんと柚木脇さん、それに鶴田さんの3人が直接やってきて、小林市のPR動画を作りたいので、そのアドバイザーになってほしい、と頼んできたのだ。

聞けば、予算は4本分で800万円。

役所側としては、この低予算で、とても越智さん自身に制作してほしいとは言えない、との気兼ねがあったわけだ。

だが、聞いていた越智さんとしては、かえって自分がもらうアドバイザー料がもったいない。その分、制作費に充てればいいじゃないか、と単純に思った。

「それなら、僕がやります。ウチの会社で受けますよ」

2週間かけて、まず電通九州の宮崎支社が仕事を受けて、そこから本社に発注がいく形を作ってしまった。要するに、単なる「趣味」ではなく、会社の「仕事」として動画制作に携わるようにした。その方がかえって会社に気兼ねせず、思う存分力をふるえるからだ。

「だいたい電通という会社は、サービス精神旺盛な人間ばかり。特にイナカ出身の人には、せっかく東京で得た知識を、機会があったら地元に還元したいって気持ちがみんなあるんですよ」

オファーを受けた理由はそれだけではない。

西諸弁ポスターをすでにフェイスブックで見て、知っていたからだ。

市役所の人たちで作ったものとしてはクオリティが高い。外部のブレーンが入っているのかを聞くと、「いいえ、ぜんぶ市役所です」との答え。

しかもWEBでニュースとしても取り上げられているのを、自然と目にすることになった。地方発の小さな話題がWEBで取り上げられることがどれだけハードルが高いかは、かえって越智さんの方がよくわかっている。

つまり、小林市は市役所の人たち自体が汗をかいてクリエイティブなことをやっている。

「あ、この人たちとなら組めるな」

率直な気持ちだった。

行きついた「どんでん返し」

オファーがあったのは春だったが、実際に動き出したのは6月以降だった。最初はアイデア出し。みんなが気を付けたのは「すでに誰かがやっていることをマネしない」だった。

方言利用についても、西諸弁をアピールするのはポスターと一緒になるから、と当初は避ける方向で進んでいた。イナカを強調する自虐的なネタもやめよう、となった。

だが、ミーティングをしていくと、どうしても盛り上がるのが方言の話題。県外でつい出てしまう西諸弁が他の県出身者にはまったくわからない話から、それって結局、イントネーションに問題があるのかな、となって、やがて、西諸弁のイントネーションはフランス語に似てないか、というところに集約されていった。

とはいえ、フランス人男女が日本の方言で会話するパターンは、決して新しくない。たとえば東北弁とフランス語の雰囲気が似ていると、その類似性をネタにした動画はけっこうある。今さらそのマネをしてもね、と一度は却下し、また違うアイデアも検討されたものの、最後にまた方言に行きついた。

そこで、ようやく、『ンダモシタン小林』の肝、「どんでん返し」ネタに行きついたのだ。

フランス人に、まるでフランス語でしゃべっているようにナレーションを語らせ、最後に実はすべて西諸弁であった、とわからせる「どんでん返し」。

見た人が、「え、ホント?」と二度見してしまう展開だ。

今まであった日本語と外国語のネタは、あらかじめしゃべっているのが何語かわからせた上で、その類似点や違いを楽しむものだった。そうではなく、フランス語と錯覚させて、最後に「実は・・・」でオトす。そこが新鮮だった。

しかし、越智さんとしても「これで大丈夫」と自信を持ったわけではない。出演とナレーションを担当するフランス人モデルを呼んで、一度、テスト収録を試みた。小林市の映像を流しつつ、そこにフランス語風にしゃべる西諸弁のナレーションをかぶせる。

やってみたら、これがなかなかうまくハマった。

市役所をはじめ、地元の人たちにも積極的にネタ出しをしてもらう。トラクターで道が渋滞になったり、湧き水が豊富なのにペットボトルを売っていたり、といったネタは動画の中で使わせてもらう。

「必ず2度見る動画」を創る

撮影が行われたのは8月の2日間。予報は曇りで雨も降るかも、といわれていたのが、なぜかピーカンのいい天気。越智さんによれば、

「仕事はしやすかったですよ。地元の皆さんが、みんな動いてくれましたから」

普通、撮影となれば、撮影スタッフ側が車両を何台か借りて、人やモノを動かさなくてはならない。が、小林の撮影では全部地元側が揃えてくれた上に、運転までやってくれる。もとより道路状況は良く知っているのだ。だから越智さん側が撮影プランを作っても、「これじゃ、1日で移動は無理ですよ」とアドバイスまでしてくれる。

道路許可、撮影場所の許可もあらかじめしてくれるし、撮りたい風景も前もって動画を撮って送ってくれる。

撮影の時に、どうしてもうまく撮れなかった星の映像も、あとで撮って送ってくれる。

何より、承諾が早いのだ。いちいち細かいプレゼンシートを出さなくても、「わかりました。やりましょう」ですぐに地元の人が動きだす。かえって、普段やっている企業の仕事の方が手続きが面倒なくらい。

「予想通りでした。あの皆さんと組んでよかった」

限られた予算と日程の中で作るには、機動力のある小林のメンバーの協力がなくては到底できなかったろう、と越智さんは振り返る。

反響は、越智さんの思惑通りだった。

8月27日にＹｏｕＴｕｂｅで公開して、4日くらいはあまり伸びなかった。小林市役所側も「大丈夫ですかね」と心配の連絡があったが、越智さんは密かな自信があったという。

「構造上、うまくいくはずだったんです」

問題は再生回数。テレビや新聞、雑誌といったメディアは、再生回数が伸びると注目する。だから数を増やさなくてはいけない。

その点で、あの『ンダモシタン小林』はそれを増やす仕掛けを作っているのだ。

あの「どんでん返し」によって、「え、ホントに西諸弁なの?」と多くの人たちはだいたいもう一度見る。場合によっては3回見るかもしれない。

人は「面白い」時に2度3度見るのではなく、自分が「騙された」とか「錯覚した」と感じた時に繰り返し見る習性がある。

だから100万回稼ぐのに、まず50万人に見てもらえばいい計算になる。

しかもプレスリリースにも、「必ず2度見る動画」の見出しをつける。

これがメディアにはウケる。その記事にぶちあたった人は「2度見るって、ホントかよ」と必ず動画自体も見てくれる。それで、「あ、そういうことか」と納得して、世の中に広げてくれる。

結果は想定した以上の大反響だった。2回3回どころか、4回も5回も見直した人までいたらしい。

高校生や市民ともコラボ

すぐに第2弾の準備にかかった。

今度は地元の高校生たちにアイデア出しをしてもらい、その中から一本を選んで映像化する。越智さん自体が考えていた「地元の若者に、こういう仕事もあるよ、と知ってもらう」ちょうどいい機会になった。

高校生を集めて、まずは週1回のワークショップ。地元の活性化のためにはどうしたらいいか、を市役所の人たちと考える会もあり、また月一回は越智さんが小林に行き、CMの作り方のレクチャーも行った。

選ばれた案は、当初こんな内容だった。山で標準語で叫んだら、返ってきた山びこが西諸弁になっていた・・・。だが、どうもうまく話が膨らまない。

それで、山の中で道に迷っていたところ、神様が出てきて道案内をしてくれるが、西諸弁なのでちっともわからない、という内容にワークショップチームと修正し、採用されることとなった。

こうした、高校生が動画のアイデア作りに挑む様子はドキュメンタリーとして、大晦日に地元のテレビ局で放映までされている。

続く市民のアイデアを生かそうとする第3弾は、いくつか企画が上がった末、残ったのは、小林の農作物のおいしさをアピールしようというものが2つ。農作物を擬人化して、野菜が外にお嫁に行く話と、何もつけなくても小林市の野菜はおいしいことをシンプルに伝える話。いろいろと議論はあったが、メッセージに少しでも「発見」がある方が良いだろう。という視点があり、最終的に後者のアイデアが採用された。

第4弾も、「小林市」でなくてはできない企画だ。

全国にいる「小林」という名前の市長さんとコラボして、一緒に市を広告しよう、というわけだから。

第3弾、第4弾の動画は、いずれも2016年3月31日にYouTube上で公開された。

地元民、ないしは出身者で

2016年度も、越智さんは小林の人たちと一緒に動画を作る計画を進めている。ただ、単なる動画づくりではなくて、高校生たちと進めたような、その過程におけるワークショップをより充実させて、地元にとって今、何が必要かをみんなで考え合う機会をたくさん持つ方が大切ではないか、とも考えている。

「どこの自治体も、一つハヤるとみんなマネしますよね。あれではなかなか地方創生にはつながりません」

ゆるキャラでもB級グルメでもPR動画でも、みんな後追いしてつくり出す。誰もやってないものはコワくて手が出せずに、成功した先例ばかりを追おうとする。その現状に越智さんは疑問を抱いているのだ。

「海がきれいなところなら、動画で知らせるより、実際に海に行ってもらった方がいいかもしれない。そのためには、適切な人が、適切な伝え方で紹介する方がいい」では。その「適切な人」とはいったいどんな人か？　越智さんは「地元の人、ないしは出身者」と明言する。地元紹介こそ、おカネをもらってよその出身者がやるよりも、郷土愛のある地元民、ないし地元出身の人間がやるべきことだという。

できるならば、地元の自治体の人が一番いいかもしれない、とも。

しかも、県のような大きな単位ではなく、市町村単位の方がより成功事例は増えてくるのではないか？　と説く。県単位では関わりのある人が多くなりすぎて、どうしても数多くのチェックが入る。そうなると、もし新しいことをやろうとすると必ず否定的な意見が出て、前に進みづらい。小さい単位の方が自由がきくし、面白いコミュニケーションが生まれる可能性が大きいのだ。

小林市の、市役所の人たちを見ていれば、それは十分にできると越智さんは感じてもいる。

「成功するとは限らない。でも、もっと自由にやればいいんです。やって、うまくいったら喜べばいい」

「映像の匠」は、さらなる地元の人たちの活動に、自らも「元氣」をもらい、地方創生に向けての大きな可能性を感じていた。

第二章　素晴らしき小林市の元氣を創る「匠」たち

「湧水」の都・小林

小林市で自慢できるものの一番といえば、やはり「水」。小林市内に約70カ所の湧水があるといわれているが、地元で湧水に詳しい清水洋一さんによると、「70カ所というのは、旧小林市内だけの数字です。合併された野尻、須木地区まで含めればだいたい100カ所近くあるのでは？」とか。

水量も豊富だ。最も有名な出の山湧水は一日に7万トンから10万トンの水が湧いてくるらしい。

これだけ水資源が豊かな理由は、やはり南西にそびえる霧島連山にある。火山としても知られる霧島連山だが、瀬戸内海、雲仙と並んで日本最初の国立公園に指定されたところでもある。

つまり管理がきちんと行われ、森が荒らされることがなかった。そのために樹木もすくすくと育ち、たっぷりと地下に水を貯める力があったのだ。

その山々に降った雨は、山の中の火山岩の間を抜け、長い年月の中でキレイに浄化されて表に出てくる。

調査の結果、出の山湧水をはじめ数か所は、どうやら50～60年くらい前に降った雨が、湧水として、今、出てきているらしい、と推定されている。

その調査も、雨の多い6月～9月くらいにやると、どうしても降ったばかりの雨水も含まれてしまうために、冬場におこなったらしい。

「前の東京オリンピックのころに降った雨が、今、土の中で浄化された上で出てきているわけですから、これはロマンチックですよ」

と清水さんは言う。

しかも火山の中を通ってきているために、他の地域の水と比べて、様々なものが溶け込んでミネラル分が豊富なのだ。だから、飲んで体にもいい。

また日本の水は軟水が多いのだが、なぜか小林の湧水の中には、軟水と硬水の間である中硬水のところがある。出の山湧水もその一つだ。

軟水の特徴は、吸収がしやすく、飲んでも体に負担をかけないところ。一方の硬水は吸収はしにくいが、マグネシウムやカルシウムなどはたっぷり含まれているところ。

清水洋一さん

だから、夏場などで素早く水分をとりいれたかったら軟水がいいし、ミネラル補給やダイエットのために飲む水ならば硬水がいい。

つまり中硬水には、吸収がスムーズな軟水のいいところと、ミネラルが豊富な硬水のいいところが、ほどよく混じりあってもいるわけだ。

霧島連山の雨量は年間3500〜4000ミリともいわれている。だからこそ、水分が空中にも多量に含まれて「霧」がかかりやすい。

ただし、同じ連山から出る水も、鹿児島側の南西と、宮崎側の北東では、その形態がまったく変わる。

清水さんによれば、

「北東側は山としては古いんです。一方で南西側は新しい。活発な火山活動によって新たにできたものなんです。だから、火山のマグマも上にある。それでマグマの影響を受けて、温泉として出てくる。古い方は、その影響を受けずに水として出てくる」

温泉と湧水、どちらの方がいいですか？　と清水さんに聞かれ、少し迷っていたら、

「やっぱり湧水でしょう。キレイでおいしくてミネラルたっぷりの水が飲めるんですよ。こんな幸せなことはない」

と清水さん。小林の人の「水」に対する誇りは半端ではない。

「Wazzemit（ワッゼミッ）」と中村憲一さん

そんな「水の都」小林で、より人の体を元氣にする水として売り出されることになっているのがナチュラルミネラルウォーターの「Wazzemit（ワッゼミッ）」だ。

「ワッゼミッ」とは奇妙な名前ながら、もとはやはり西諸弁。「とんでもない水」という意味。

キャッチフレーズは「五つ星の水」で、五つの体が喜ぶ物質が入っているからだ。その五つとはマグネシウム、サルフェート、バナジウム、炭酸水素イオン、そして老化予防や腸の善玉菌増殖などに効果があるとして、今注目を集めている天然シリカ。加えて、その他のミネラルも含有している。

霧島連山で産み出される水は、このシリカが豊富に含まれているのだ。

この「ワッゼミッ」を製造するのが、小林市細野に本社と工場がある株式会社フレッシュアクアジャパン。社長は中村憲一さんだ。

昭和24年に今は小林市に含まれている須木で生まれた中村さん。お父さんは営林署の職員だったそうだ。一度、東京に出て建設会社につとめ、不動産の仕事に携わった後、鹿児島でローン会社の社長を勤めたりしていた。そこで知り合ったのが、霧島連山にも近い、市の南西部にある温泉宿泊施設「神の郷温泉」などを経営する上笹貫政行さん。

平成17年、「神の郷温泉」を上笹貫さんが経営する際、

「小林の出身なら、地元に戻って、ウチで働いてくれないか」

中村憲一さん

と上笹貫さんに誘いを受けて、温泉の支配人として久々に地元に戻ってきた中村さん。

ただ、若いころは、あまり郷土・小林は好きではなかった、と告白する。

「同期の地元に残った人間に聞いても、みんな『こっちは景気が悪い』とコボすばかりで、しかも5時になったら店も閉めて、働かない。みんな怠け者だな、と呆れてもいました」

東京などに出て行った連中の方が、みんなバリバリやっている。東京のペースで仕事をすることこそがリッパだ、とずっと思っていた。

ところが60歳近くなってから小林に

戻ってみると、つくづく故郷の良さを感じるようになっていたとか。

「それは刺激は少ないですよ。ただ、都会のあまりに速いペースに合わせるのは、もう疲れる。年とるとこっちの方がずっと楽です。生まれ育ったところですからね、ヨロイとカブトを脱いで裸でおれる」

しかも学校時代の友達はみんな地元の有力者になっていて、親戚には市議会議員もいる。とても仕事がしやすかったのだ。

温泉を掘ろうとしたら水が出た

夢は瞬く間に広がっていく。上笹貫会長とも相談の上、地元の間伐材を使ってログハウスが50から100くらいはある宿泊施設を作ろう、との計画を立案した中村さん。ただ、それだけ作ったら、今度は中で使う温泉が足りなくなる。

そこで、5年ほど前、温泉を掘り始めたのだ。

神の郷温泉の周辺から出てくる温泉が、ややヌルい。それでもっと熱い湯はないものかと隣接の山を買い取って掘って行ったら、温泉ではなく水脈にあたってしまった。

主なミネラルウォーターの採水地及び分析表

	メーカー	原材料	採水地又は水源地	Mg／100ml あたり								PH値
				エネルギー Kcal	ナトリウム Na	カルシウム Ca	マグネシウム Mg	カリウム K	シリカ Si	炭酸水素 H	バナジウム V	
1	A社	鉱水	鳥取・大山	0	0.4-1.0	0.2-0.7	0.1-0.3	0.2-0.6				7
2	B社	鉱水	岐阜・養老	0	0.83	0.46	0.19	0.12				7
3	C社	鉱水	静岡・御殿場	0	0.8	1.3	0.64	0.16				8.8-9.4
4	D社	鉱水	高知・津野町	0	0.5	1.14	0.12	0.03				7.5
5	E社	鉱水	富山・砺波	0	0.86	0.93	0.2	0.07				6.9
6	F社	深井戸水	兵庫・六甲	0	2.95	0.65	0.37	0.05-0.15				7.2
7	G社	深井戸水	静岡・富士宮	0	0.5-0.94	0.85	0.24	0.06-0.13				8
8	H社	深井戸水	大分・日田	0	2.2	0.96	0.19	0.84				8.3
9	I社	深井戸水	山梨・忍野村	0	0.41	1.3	0.47	0.15			<5.1μg	7.4
	ワッゼミッ	温泉水	宮崎・小林	0	11	6.3	6.2	2.4	9.6	66	<1μg	6.8
										サルフェート	7.6mg	

（注）***ワッゼミッ***の水質分析は、（株）東洋環境分析センター（宮崎県）での検査結果によります。

だが、これが実に常温でおいしい。

さっそく成分の分析をしてみると、体を元氣にしてくれる物質がつまっていた。

もともと温泉に良く含まれている物質のサルフェートもたっぷり入っていた。サルフェートは、尿とともに体の中の老廃物を出して新陳代謝を促し、脂肪が燃焼しやすい、つまり痩せやすい体質にしてくれる。

老化や生活習慣病のもとになる活性酸素を除去して、疲労回復にも効くとされる炭酸水素イオンは、普通の自然水の何十倍も入っていた。

血糖値を下げたり、コレステロール値を良くしてくれる効果が認められているバナジウム、やはり血糖値や血圧値の調整に効果があるマグネシウムも十分。

その上に、シリカだ。

中村さんは、この「水」こそが商品になる、と考えてさっそく水の勉強を始めた。

様々な先生の本を読む中で、最もわかりやすく感じたのが、ある、寄生虫や腸の権威として知られる先生のものだった。

矢も楯もたまらずその先生に会いに行き、小林で見つけた水を差しだすと、その成分を聞いた先生は、

「なんと！　奇跡の水だね」

と一言。「ミネラルウォーター」というより「ミラクルウォーター」だというのだ。

小林に雇用を生むために

量産に向けて動き出した。

開発の申請許可が必要だった。2万坪以上ともいえる中で水をくみ上げるのだから。県庁には30回以上も通ったが、なかなか許可がおりなかったという。

「こんなに地方のために頑張っているつもりなのに、なんでなかなか許可がおりないのか」

と憤ることもあった。

「私は、小林が誇る水の力で、地元のために尽くしたいんです。私だって地元の人間なんですよ。須木の人間なんだ」

と中村さんが訴え続けて、やっと1年以上かかって許可はおりた。

かつて、中村さんのお父さんが営林署で働いていたころは、小林は森林で育った杉を売って町は成り立っていた。今なら水だ、この大切な資源を生かしていかなくてはいけない、と。

中村さんは、小林にも「限界集落」が増えていき、やがては消滅するかもしれないのを危惧していた。そうならないためには、地元で雇用を生まなくてはいけない。そうすれば都会に出て行ってしまう人間の足を止めることだってできる。

残念ながら、小林では一人暮らしのお年寄りの孤独死も多い。

水の工場が軌道に乗り、人材も資金も整ったら、そういうお年寄りもちゃんとお世話できる施設も作りたい。

ようやく平成26年1月、体に悪い影響を及ぼす菌などが含まれていないかの検証が終わり、商品化が認められた。

中村さんの思いが通じたのか、商品化以降は、小林市役所側も次第に協力的になっていった。

「消火用水を提供したのもあって、2015年の市の出初式では、感謝状ももらいました」

現在は中村さんの会社の社員は25人程度。そのうちの半数は30歳以下。要するに若い人たちの雇用の受け皿として、少しずつだが確実に機能しているのだ。

専業でなくてもいい。休日には田んぼを耕しながら小林の水のために働いてくれる人が増えるのも大歓迎。

そのためには「Wazzemit（ワッゼミッ）」が動画『ンダモシタン小林』のように、全国に知られるブランドに育たなくてはいけない。

なぜチョウザメは小林市の名産になったのか？

小林の市街を歩いていると「チョウザメ」の料理を食べさせてくれる店がいくつも

ある。

また市役所でも、チョウザメを小林市の代表グルメとして「町おこし」に役立てようとしているのがよくわかる。

『ンダモシタン小林』においても、小林の「食」の代表として登場したのがチョウザメの料理だった。

実は、このチョウザメについても、小林の水が大いに関係しているのだ。

世界三大珍味の一つとして知られる「キャビア」が、このチョウザメの卵なのは良く知られている。

だが、そのチョウザメの肉が、程よい歯ごたえもあり、白身魚のような淡泊な味わいで、とてもおいしいのは知られていない。

さらに、このチョウザメ、「サメ」とは名前がついていても、海に住むサメの仲間ではない。チョウザメ科という独自の種類の淡水魚なのだ。体にあるかたい鱗が蝶の形なのと、全体的にサメに似た体形なために「チョウザメ」と呼ばれるようになったのだ。

その特徴はキレイな水を好むこと。

だからこそ小林市が誇る名水はチョウザメを育てるのにピッタリであり、しかも空気にあまり触れずに雑菌も少ない井戸水での育成が合っているわけだ。

歴史をたどっていくと、日本にチョウザメがやってきたのは日ソ国交正常化以降であったといわれる。

日本全国で、このチョウザメが「養殖化」できないかの取り組みが行われた。で、ほとんどの場所ではうまくいかなかった中、宮崎県水産試験場小林分場が、昭和58年から研究をはじめ、平成16年に日本初の「シロチョウザメ」の完全育成に成功した。

この「シロチョウザメ」というのがみそであって、もともとは別の品種のチョウザメを育てていたらしい。だがそちらはあくまでキャビア用であり、肉としては臭みもあり肉質がよくなかった。

それでメスはキャビアをとるとして、オスも有効利用するために、肉質のいいシロチョウザメと、やはり肉質のいいシベリアチョウザメ中心に絞ったのだ。

平成23年には大量生産にも成功し、安定した稚魚の供給が可能になった。新鮮なチョウザメを食べるなら、他のどの街でもなく、小林に来るのがいい、と胸を張って言えるようになった。

チョウザメの肉は、認知症予防に効果のある「カルノシン」や、美容や健康維持にいいとされている「コラーゲン」が豊富に含まれている。おいしいと同時にヘルシーな食材でもあるのだ。

小林チョウザメ料理のパイオニア・熊ノ迫文夫さん

チョウザメの肉を小林を代表する名物グルメにする旗振り役をつとめたのが、小林駅近くで「弁当のくま扇」を経営する熊ノ迫文夫さんだった。小林チョウザメ料理推進協議会の会長でもある。

昭和19年に西小林で生まれ、弁当販売店を40年以上も続けている熊ノ迫さん。

本格的にチョウザメ料理を名物にしようと協議会が動き出したのは平成26年くらいからだったという。

名水の地・小林だからこそチョウザメが養殖できるのはわかっていたし、現に完全養殖も成功していた。だが、どうしても主眼はキャビアの方であって、なかなか魚肉にまでは目がいかなかったという。

だが、肥後市長らの呼びかけもあって、小林市をより全国にアピールするための「名物」が必要だ、との機運が盛り上がった。その中で、せっかく地元にある水産試験場でチョウザメの養殖がうまくいったのなら、それを放っておく手はない、となったのだ。

「やはり水の違いは大きかったですよ。宮崎市や他の町でやろうとしても、小林の水にはかなわない。よそは川から水を引っ張ってくる。小林では自然の湧水を使っている。水のよさのおかげで、肉のきめ細やかさが変わるんです。ちょうど旬の魚とそうでない魚とが、口当たりが違うくらいに変わる」

と熊ノ迫さん。平成26年には市にチョウザメ・キャビア課も設置され、チョウザメ料理推進協議会とガッチリ手を組み、官民一体でチョウザメを押しにかかった。

どう料理したら、もっともチョウザメの良さが引き出せるかについては試行錯誤の末に、協議会で何回となく試食をくりかえしながら独自のものを作り上げていった。

結果的に、握りずしのネタとして「生」「炙り」「オリジナル」の3種類を出し、それにチョウザメの鍋やお吸い物をそなえた料理が生まれている。

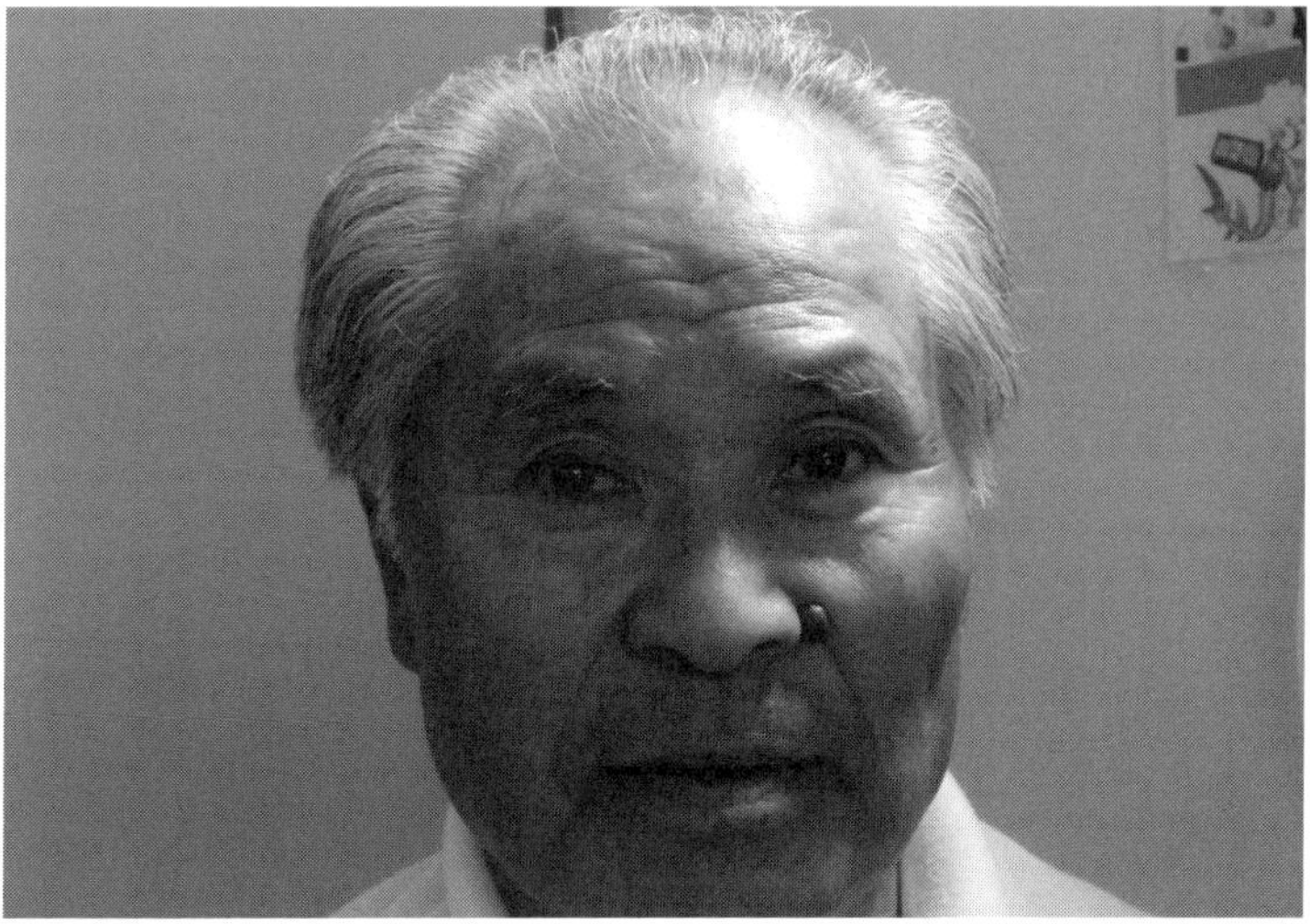

熊ノ迫文夫さん

熊ノ迫さんの「くま扇」では、シロチョウザメとシベリアチョウザメの２種類の味が楽しめる「炙りちらし弁当」が大人気だ。ご飯は酢飯で、左右にそれぞれのチョウザメを炙った切り身が乗っていて、真ん中には鶏のから揚げや卵焼きなど、別のおかずも豊富に詰められている。

さっそく食べてみると、シロチョウザメの方はまさに淡泊な白身魚の味で、シベリアチョウザメは少し味が濃い。

「エサは養殖を手掛けている業者が独自で開発しています。費用は他の地域よりもかかりますが、味を良くするた

熊ノ迫さんが経営する「くま扇」

めにはやむを得ません」

と語る熊ノ迫さんだが、エサの配合は「企業秘密」だとか。

キャビアでなく肉の方を商品として売り出すメリットは、もとは役に立たなかったオスを役立たせるだけではない。キャビアだと最短でも3年、時には7~8年はかかるのに対して、肉は生後1~2年で商品化できる。回転が早いのだ。

チョウザメを使ったカレーを小林特産のお土産品としても売り出しているし、コラーゲン入りの石鹸も考案されている。

「一時的に騒がれるブーム商品にはし

たくないです。空港や道の駅でずっと置かれる、定番の小林名物にしたいです」

環境が守られ、水のキレイさが維持される限りは、小林にとってチョウザメは「名物」であり続けるだろう。

森と林の須木地区の中に

ごくごく簡単に小林の歴史をたどっていくと、戦国時代、すでに小林は歴史に名をとどめていて、天正4年（1576年）には、小林城が島津氏の領地となって江戸時代に続いているとされている。

やがて明治22年（1889年）、全国の市町村を整理統合する町村制施行によって、西諸県郡小林村、須木村、野尻村がそれぞれ生まれる。

その後、小林村は大正元年に小林町となり、昭和25年には市制施行によって小林市となった。さらに平成の大合併で、平成18年には小林市と須木村とが合併し，22年には野尻町も加わった。

つまり今の小林市は、もともとあった小林地区と、須木地区、野尻地区の三つが合体されて出来たものなのだ。

だから三地区それぞれに特徴がある。

小林地区は、駅も市役所もある市の中心部。「市街」といえば駅周辺を指す。ただ、霧島連山のすそ野に広がるエリアであり、市街地をちょっと出れば豊かな自然にも恵まれている。

出の山湧水をはじめ、湧き水が特に豊富な地域で、生駒高原など雄大な風景も楽しむことができる。

野尻地区は、これはもう山と湖など、多彩な自然を味わえるエリア。メロンやマンゴーなどの果物の生産地としてもよく知られている。

須木地区は、まさしく「森」だらけのところ。その中にある緑豊かな自然と小野湖を核とした公園である「すきむらんど」には、広大な敷地に、温泉、キャンプ、「かるかや」と呼ばれる古民家などいろいろな宿泊施設が揃っている。

面積比でいえば、市全体で５６０平方キロあまりのうち、３３０平方キロが小林地区。残りのうち約88平方キロが野尻で、２４０平方キロあまりが須木となる。

人口比でいうと、4万7千人のうちの3万7千人あまりが小林地区に集中し、野尻が8千人弱、須木は2千人弱。

これから見ても、いかに須木地区が人口が少なく、広く森林が占めているかがよくわかる。

だから、須木地区で一番の特産物も、森で生まれる栗。ここで生産される栗は「須木栗」といわれ、大粒な上に上品な甘味も特徴だ。日本を代表する高級な栗として全国的に知られている。

それともう一つ。山間部の寒暖の差が大きいのを利用して、ゆず（須木地区では「ゆのす」と呼ぶ）の栽培も盛ん。

実は小林地区と須木地区を結ぶ国道265号線沿いに、その「須木栗」と「ゆず」商品をたくさん売っている店が出ている。

その名も「農業生産法人　すき特産」。

店内を見ると栗の甘露煮から栗ようかん、栗甘納豆、ゆのすジャムなど多様な品ぞろえ。

ちょうど今川焼のような作りで、中に丸ごと一個の栗が入った「栗くり焼き」は名物中の名物で、さっそく一つ食べてみる。

これがまあ、なんとも控えめで上品な甘さ。育ちのいい貴族のような、というべきか。これ見よがしに「甘いですわー」と自己主張するスイーツが多い昨今、とても貴重だ。

「すき特産」と平川春義さん&椎屋敏治さん

お店に隣接して、その「農業生産法人　有限会社すき特産」の事務所がある。社長をつとめる平川春義さんは昭和27年、須木で生まれた。一時期、岐阜や東京に出て運送業に携わった後、地元の開拓農協に就職。そこで椎屋敏治さんと出会う。椎屋さんも昭和30年生まれの地元出身者だった。

二人は先輩、後輩として、ずっと開拓農協では栗を専門に扱ってきた。平川さんによれば、

「私たちが仕事を始めたころは、だんだん栗の生産が落ちはじめていった時期だったんです」

平川春義さん（右）と椎屋敏治さん（左）

須木における栗の生産のピークは、だいたい昭和50年代前半くらいであったという。

400haの範囲で栽培がおこなわれ、年産700トンは超えていた。現在は年産にすると、150トンくらいしかない。需要の落ち込みが原因というよりも、問題は生産者の高齢化と後継者不足。

「一応、120～130戸の生産者がいて、ウチもそこから買い上げてはいるのですが」

と椎屋さん。

せっかく須木栗という名産品があるのになかなか有効に生かしているとは

いえない。もったいないな、と感じた二人で、平成4年、この「すき特産」を設立したのだという。農業と加工、流通を合体させる、いわば「六次産業化」の流れだ。

当初、ナマ栗を販売するのがメーンであったものの、主力は次第に加工品に移りつつある。須木を代表するお土産品として利用するためだ。今、栗そのものを売るのが6割、加工品が4割くらいになっている。

この栗と並んで、すき特産で売られているのがゆず商品。

須木では、元来、ゆずは自生していたものらしく、意図的に作るようになったのは昭和50年代以降とか。

「ウチでゆずの商品を扱うようになったのは15年ほど前からでしょうね。栗に比べて加工が簡単なんです」

と椎屋さん。確かに栗は1個1個皮をむかなくてはいけない。その点で果汁を絞ってそれだけを使ったりも出来るゆずは、加工するにもいろいろバリエーションもある。

二人はゆず製品の本場とされる四国にも勉強に行き、その加工法を学んで商品づくりに生かしてもいる。

ゆずは、ナマのゆずを販売はしていない。すべてゆずこしょうなどの加工品だ。今では比率的にはゆずの方が断然多く、栗が3分の1、ゆずが3分の2くらいの割合。

どちらも製品に使える歩留まりは半分くらいらしいので、皮など、捨ててしまう部分はどうしても多いようだ。

須木の伝統を残したい

かつては「陸の孤島」だった須木も、265号線も通り、人の流れもだいぶ違ってきた。小林市との合併前の須木村時代と比べて、流通も格段に便利になってはきている。

ただ一方、かつてのような、地域でガッチリ結束して須木の特産品を世に送り出そうとするパワーは弱りつつあるかもしれない、という。平川さんの思いも痛切だ。

「せっかく先人から受け継いだ栗づくりの伝統を、自分たちの時代に途絶えさせたくない。何とか残していきたいんですよ」

そのためには、まずは後継者育成だ。すき特産でも、パートを含めた従業員は50人くらい。ほぼ地元の人たちだ。そのうち、30歳以下も7人くらいいる。

忙しい季節だけ働きにやってくる人もいる。

春先のたけのこのシーズンには、それをとって加工品を作るなど、栗とゆず以外の商品でも稼げるようなチャレンジもしている。

「合併の時が2200人くらいだったのが10年たって、さらに500人くらい減りました。人口の減少は止められそうもないから、少ない人で多くの土地を使っての集約栽培をやっていくしかない」

と平川さんも危機感を持っている。

困っているのは人口減少で働く人がいなくなっていくことだけではない。

逆に増えて困っているのが鹿やイノシシ。苗を植える前に必ず鹿を防御するためのネットを設置しないと、出てきた芽などはみんな食べられてしまう。かといって、逃げ足もはやいし、動物愛護の関係からも簡単に数を減らせるものではない。

豊かな自然は、それだけ人間を生きにくくもする。平川さん、

すき特産の販売所

「とにかく、受け皿を私たちが作って、若い人たちにも、須木に来て、栗やゆずの栽培を手掛けてもらえるようにしなきゃ」

山だらけで、耕地も点在する。なかなかそれを集約して使うのも難しい。でも須木や須木栗を残していくためには、自分たちが魅力的な商品を作り、若者たちに、「自分もこんな商品を作ってみたい」と感じてもらうしかない。

平川さんと椎屋さんは、栗やゆずを通して、須木の未来が明るくなるのを願っている。

福留ハーブ園の福留敏信さん

須木の中でもやはり265号線の近くに須木下田地区がある。そこでハーブ園を経営しているのが福留敏信さんだ。

福留さんは昭和27年に小林で生まれ。学校を出てすぐに入ったのが自衛隊。そこでもらった退職金をもとにトラックを買い、運送会社と契約して、名古屋で請負で荷物を運んでいた。

ところがなぜか30歳の時に、ブラジルに移住してしまった。

「子供のころからの夢だったんですよ。ブラジルの広い大地で、思いっきり自分の作りたい作物を作るのが」

住んでいた名古屋で国際協力事業団の募集があって応じて説明会にいくと、たくさんの人たちがいて、とても自分が選ばれそうにないなと落胆していた。ところが一カ月ほどして、

「じゃ、すぐに行ってください」

福留敏信さん

と連絡があった。どうやらたくさん集まった人たちの多くがアメリカ、カナダ、オーストラリアへの移住を希望していた人たちで、ブラジルはあまりいなかったらしい。

説明会の3か月後にはブラジルに渡って、農業を始めていたとか。

ブラジルには10年いた。ニンニクにトウモロコシ、フェイジョンと呼ばれるブラジル独特の豆などを作り、一番の主力だったのがニンニクだった。

農園の広さは25ｈａ。日本では相当なものだが、ブラジルでは250ｈａくらいないとまともな農園には見られない。ごく小さいレベルでやっていたわけだ。

帰国した理由はいくつかある。

中国産の安いニンニクが出回ってしまって、ニンニク作りでうまく収入が得られなくなってしまったのも一つ。おかげで農園をやっていた日系ブラジル人の多くも、日本に出稼ぎに出るようになっていた。

ただ、もっと大きな理由が子供の通学問題だった。

福留さんの子供はなんと7人。その一番上の子が中学に入る年齢にさしかかっていた。

ところがその中学校たるや、居住地から30数キロも離れている。

おカネ持ちなら、家族は都市部の学校に近いところに住まわせて、お手伝いさんを雇って通学させればいい。だが、とてもそんな余裕はない。

ではバス通学させるとどうかといえば、1カ月の通学定期だけで、現地の平均的サラリーマンの給料の1カ月分になってしまう。その上、雨がちょっと多く降ったら、道はドロドロになってしまい、バスも来ない。

また学費が未納だと定期試験も受けさせてもらえない。

こんな状況が7人も続いたら、到底やっていけない。

「日本に戻るしかない」

奥さんとも相談して、故郷・小林に戻ってきた。

今年からクレソンを

帰るなり、駆り出されたのが地元の選挙運動の手伝い。そこで知り合った方が自宅に趣味でハーブを植えていて、それをタダで分けてもらったのが福留さんとハーブとのかかわりの始まりだ。

「ちょっと集めだしたら面白くなって、もっと増やしたいって思うようになったんです」

ホームセンターあたりで買おうとしても、せいぜい20~30種類しか集まらない。それで各地を回っていると、鹿児島の知り合いから、

「どうせなら、ハーブ園の看板出して仕事にすれば」

とアドバイスされた。確かに気が付いてみれば、小林でハーブ園の看板を出しているのを見たことがない。じゃあ、やってみるか、と決めたのは、ブラジルにポンと渡ってしまった時と同じ冒険心からだったかもしれない。

土地は無料で借りているのと、おカネを払って借りているのと合わせて120aくらい。

道路沿いでないと車で通る人たちにアピールできない、とも言われて、それに従った。

ハーブそのものを売ってもリピーターのお客さんが来ないのは、やってみてすぐにわかった。そこで加工したハーブティーも作ってみたもののなかなか売れない。

するとある人が、

「これじゃ大阪の人間は買わんよ。粉末にしなきゃ」

なるほど、普通のお茶ではなく粉末にすると溶けるのも早い。すぐに飲めて、しかもいろいろブレンドしていって、血圧や血糖値、便秘への効能もうたえる。

すぐに粉末のパック詰めに切り替えたら、たちまち売り上げが大幅アップし、経営も安定したという。

ハーブの状態をチェックする福留さん

「しかもハーブは、タネや苗を買う必要がないんですよ」
経費といえば、畑にたい肥をまくくらい。放置していても、勝手にタネが落ちて育つ。
労力がかかるのも草取りくらいらしい。が、これぱかりはシロートにアルバイトでお願いする、といったようなわけにはいかない。どれが雑草でどれがハーブか、一般人には全く区別がつかないからだ。

数十種類のハーブを育てている福留さんだが、今年、力を入れているのはパクチーとクレソン。

パクチーについては、香りがきついため、害虫が寄り付かないのがいいらしい。

クレソンについていえば、水で育つハーブだけに、小林のキレイな湧水が最適なのだ。

霧島連山の湧水で作ったクレソンは、どこでも大好評だ。

神戸の生協に出してみると、「一年中でも作ってほしい」と頼まれるし、休耕田でクレソンをつくったら、農業委員会から「需要があるならどんどん広げてほしい」ともいわれた。

クレソン自体、水炊きやなべ物など、広い用途に使われるものだし、ここ数年の異常気象もあって、大雨でクレソンが流れ、品薄が続いている。

水さえよければ、さほど経費もかからない。

「まったく小林の水のおかげだな」

と福留さんも感謝する。

川の水なら農業用水や生活用水で汚染するが、小林の湧水はそれがない。クレソンという、地域にピッタリのハーブを得て、福留ハーブ園はますます右肩上がりになっていくことだろう。

ナタマメ作りの農家・神之原幸作さん

農業を営む神之原幸作さんの家は、小林駅からやや南西に行った南西方にある。

昭和22年生まれの神之原さんは、すでに50年以上、数多くの作物も作ってきた。かつてはブドウやスイカといった果物を作った時期もあり、今はキャベツやニンニク、レタスなどの80ａくらいの畑と、１ｈａあまりの田んぼを耕す。一部は人の土地も借りている。

そんな中、健康関連食材としてのナタマメ栽培も、すでに9年目になる。

もともと漢方薬の原料として知られていたナタマメ。血行促進や免疫強化にも役立つだけでなく、蓄膿症や歯周病にまで効果を示すともいわれている。

ただ脚光を浴びたのはここ数年で、以前はさほど注目されてはいなかったはずだが。

「いや、このあたりではどこも、昔は家庭菜園のような形でナタマメをつくっていたんです」

神之原さんによれば、ちょうどエンドウマメのように若いサヤを収穫しては、味噌漬けや塩漬けなどの漬物にしてよく食べていたそうだ。

10センチくらいになったところでとる。放っておくと一年で70センチくらいまで大きくなってしまうし、そうなるともうおいしくない。

体にいいとかそういうことは一切知らなかったとか。

作物として栽培するキッカケは、知り合いの企業から「ナタマメが健康にいい食材として注目されてきているから、もっと大規模に作ってみないか」と誘われたから。サヤだけでなく、豆にも薬効があるのは、その折に知ったそうだ。


しかしずっと順調に収益が上がったわけではない。

ナタマメは長雨や台風に弱い。雨が降れば花は咲くが、実がなりづらい。天候に左右されやすい作物なのだ。

そのため、神之原さんの地区で一緒にナタマメ栽培を始めた農家の約半分は、今では撤退している。

時期的にいえば、5月くらいが種まき。ビニールマルチをはって、根本に穴をあけてタネをまいていく。

神之原幸作さん

草そのものの高さは2メートル以上にも成長する。頂上のツルや、脇の茎の部分もカットしつつ10月ころからマメの収穫が始まる。

当然のように農薬、除草剤は使わない。健康目的の作物でありながらこうしたものを使うのは「反則」だ。

ナタマメについていえば、小林や宮崎県の特産とはいえない。隣の鹿児島でもたくさん作られているし、島根などもナタマメ生産地としては有名だ。

だから、神之原さんも収穫した後の加工は島根の工場に送ってやってもらう。

とはいえ、日光も強く、収穫物の乾

燥がしやすい宮崎県一帯は、ナタマメを作るには適した環境だといえる。

農業向きの自然条件なのに

小林が誇る「水」もまた、ナタマメ作りを含め、農業においては、大きなアドバンテージになっている。

「水はすべての基本ですからね。ウチではニンニクも育てていますが、いいニンニクを作るには質のいい水が不可欠なんです」

米作りでも、「特A」ランクのものがすぐ近くのえびの市で出たが、それにしても、小林とその周辺の優れた湧水がいい影響を与えていたのは疑いない。

こうした好条件を背景に、神之原さんも、地域の農業の活性化のため、活発に活動を行っている。

たとえば作物の直売所「百笑村」を立ち上げ、その会長を4年つとめたり。売り上げは年間3~4億円になり、一定の成果を上げた。

小林は農業をやるには、水と日光があり、山あいにはほどよい気温の寒暖差がある。

適応できる作物はとても多い、と神之原さんは繰り返し言う。

とはいえ、やはりここでも悩みのタネは後継者問題だ。

神之原さんには一男二女の３人のお子さんがいるが、誰も農業を引き継ぐ予定の人はいない。

「こればかりはなかなか思うようにいかないので、頭が痛いですよ」

神之原さんのいる西小林の一帯では、まだ外部から入ってきて農業を始める例はないらしいし、外部の人間に農業指導などをする計画もない。

だが、このままでいても、農業人口が減っていくのをただ傍観しているだけになりかねない。

小林の農業に適した風土を、ぜひ生かす若い層の人たちが増えてほしいと心から願う。

エビネを管理するAさん

続いてもう一人、小林市内で農業に携わる人物を紹介しよう。

ただし本人の希望もあって、名前は仮にAさんとしておく。お住まいも伏せる。一応、昭和28年生まれで、小林市の須木の出身であるのは書いておこう。

なぜ匿名かといえば、このAさんが育てている作物と密接な関係がある。

エビネという植物をご存知だろうか？　ラン科の多年草であり、実に多彩な色彩の花を咲かせる。もともとはその花が目的で育てられていたのだが、その球根（イモ）から抽出されるエキスが、育毛剤としての効能をもっているのがわかってきた。頭皮の血行をよくしてくれるらしい。

Aさんの育てているのも、このエビネなのだが、あまりその場所に人間が入り込んでしまうと、人間の持っているある種のウィルスにおかされて、枯れてしまう危険性まであるとか。

要するに、出来るだけ人に近づいてほしくないので、細かい場所は知らせたくない、というわけなのだ。

このAさん、しばらくは福岡に居たものの、24歳で小林に戻ってきた。それから20年あまりは地元で就職。退職した後は樹木の枝や葉の剪定作業、いわゆる「庭師」として生計を立てている。

育ちつつあるエビネ

エビネとの出会いは、まだ就職していた35歳の時だったという。

「先輩にエビネランのことを教えてもらって、自分も育ててみようと思ったんです」

あくまで趣味。エビネの花を咲かせるのが楽しかったのだ。

かつて昭和50年代に、その花を目当てにした「エビネブーム」があったのは、Aさんも知ってはいた。だが、別に仕事ももっていることでもあり、育て始めた後も、エビネをカネにかえて儲けよう、との気持ちはなかった。

エビネの花ではなく、そのイモが育

毛剤の原料になると知ったのは、50歳を過ぎてからだった。

ある会社がエビネのその効能に注目し、ぜひ育ててくれないか、とAさんに申し込んできたのだ。Aさんは、家に隣接して、広さ3千坪あまりの山林を持っている。そこにエビネを植えて育てるのが会社側の希望だった。

「嬉しかったですよ。こんなイナカの山奥に、わざわざ声をかけてくれて」

地形的にもぴったりだったのだ。敷地内に川が流れ込んでいて、大切な水や土を山から運び込んでくれる。それに道路からは離れているために、人間がなかなか入り込んでこない。

腐葉土の層が2メートルもある土壌もいい。

そんな立地条件の上に、Aさんがエビネの育て方を知っているのも、会社側としては心強かったろう。

費用を抑えたければ、中国などに発注する方法もある。だが、あちらではどんな薬品を使うかわからない怖さがある。化学肥料や消毒薬はNGなのだ。

会社側の願いを快く受け入れ、Aさんはエビネ園の管理人となった。

こわいのは「花ドロボー」

会社から受け取るのはごく少額の管理費だけ。土地は無償で提供し、エビネで生じた利益の何％かをもらえる、といった付帯条件も一切なし。

なぜこんなに不利な条件に応じたのかというと、Aさん、

「だって、せっかく企業が来てくれるんですよ。あんまり高額なカネを吹っかけて、すぐに撤退されたらいやじゃないですか」

地元のためにも、少しでも外部の企業に定着してほしい、との気持ちがこめられているわけだ。

はじめのうちは、その会社が苗から種イモから準備して、Aさんの敷地内に植えて行った。だから、Aさんの仕事は、朝晩、育ち具合をチェックしているだけでよかった。

ところがイモは一年で一つの苗に一個しかつかない貴重品。需要がふえていくと、どんどん原料が足りなくなっていく。種イモがなくてはエビネは増えてくれないのだから。

一方で、エビネは宮崎県の絶滅危惧植物にもなっていて、勝手に山にあるものをとって見つかると罰金を取られる。だいいち、昔のエビネブームもあって山で探してもなかなか見つかるものではない。

こうなるとただの管理だけではすまない。種イモをプールしておいて、自分自身で植えていかなくてはいけない。

その際、せっかくキレイな花が咲いたからといって、摘み取って売ったりするのは契約違反。信用がなくなることは決してしない。観光客が花につられて立ち入ってくるのも防がなくてはならない。

現在、敷地全体で植わっているのは約100万本ある。

でも、多いからイモをたくさんとってもいい、と安心はできない。とるのは簡単だが、しっかりしたイモを作ってくれるまでは4年は育てなくてはいけないのだから。

その代わり、そんなに手はかからないらしい。栗であれば、肥やしを与え、木の剪定をし、草取りもしなくてはならない。だがエビネは草取りはしても、あとは放っておいても伸びてくれる。

それよりこわいのは「花ドロボー」だ。花が咲く時期になると、わざわざそれを摘みに来る人間が出かねない。だからこそ、道から離れた場所にあり、しかも住居と隣接していなくてはならない。

心配なことは多くても、Aさんにとってエビネはもう30年近くの付き合いが続く存在だ。

「そのうち、ウチの土地を日本一のエビネ園にしたい、と本気で思っていますよ」

いつもエビネに触れているからか、年の割にはたっぷりとした髪をかきあげつつ、真顔で語ってくれた。

ブルーベリーの葉に着目・甲斐孝憲さん&山本晃三さん

ブルーベリーといえば、その実が眼の健康にいい、という話はいわば常識だ。

だが、その葉っぱが抗酸化作用、血圧上昇抑制作用、それにがんやC型肝炎などになりにくくする作用をもっている、というのはご存知だろうか。

小林には、そのブルーベリーの葉を加工してお茶や錠剤などを作り、商品化している「なな葉コーポレーション」という会社がある。

オフィスは、駅周辺の市街の一角・真方にある。

社長の甲斐孝憲さんは昭和33年宮崎市出身。取締役管理部長の山本晃三さんは昭和37年小林市出身。

「元来、このビジネスは、宮崎大学発信のベンチャー企業としてはじまったのです」

と甲斐さん。

宮崎大学と宮崎県が主体となって研究が進んでいき、ブルーベリーの葉の効能が明らかになっていった。で、その研究成果を実用化すべく、平成23年（2011年）にベンチャー企業「なな葉コーポレーション」が設立されたのだとか。

さっそく2011年に『宮崎ブルーベリー葉茶「ベリーフ」』が販売スタートしたのをはじめとして、続々と後続商品が世に出されて行った。

ただし、甲斐さんは、別に宮崎大学の出身者だったわけではない。

宮崎市にある雲海酒造という会社に30年つとめ、研究部長もやっていた方。つまり地元企業からこの事業に移って全体を取り仕切っているのだ。

甲斐孝憲さん（右）と山本晃三さん（左）

山本さんの方は宮崎大学農学部を卒業したものの、専門は水産。親御さんが専業農家だったこともあり、就職先は地元の農協。そこで果実の技術員として働き、ブドウやナシ作りの指導をしていた。

「たまたま小林の隣の綾町で雲海酒造がワイナリーを作った時、私も作る側へ転職したのです」

と山本さん。

「当時、雲海酒造ではワイン用にブドウだけでなくブルーベリーも作るため、熊本から2千本のブルーベリーの樹を移植して、綾町での栽培を拡大していました。このブルーベリー栽培がきっかけとなり、ブルーベリー葉に関する産学官の共同研究事業へと発展、そして事業化につながったのです」

この事業では、宮崎県全体に栽培普及をすすめている中、本社のある小林市でも、2015年から、行政の支援を受けて、地元のグループによる産地化、産業化を目指した取り組みが始まっている。

いつかブルーベリーの茶畑が広がる時代に

「まだ県全体でも、作付け面積は4haくらいです。もっと増やさないと」

と山本さんがいう通り、ようやくブルーベリーの葉が健康にいい、と地元の人たちに浸透しだしたのも、ここ数年。説明会もやり、少しでもブルーベリー栽培が広がるように努力をしているものの、まだこれからの状態だ。

ブルーベリー葉栽培が、初期投資が他の作物と比べて高額なのも、拡大を難しくしてしまう要因かもしれない。ただ、現実にブルーベリー葉茶の商品販売を行っているのは県下では「なな葉コーポレーション」だけであり、そうあっさりあきらめるわけにもいかない。

甲斐さん、

「普通のお茶のように飲んでもらえるところまでもっていきたい。嗜好品ではなく、緑茶みたいな感覚で」

とはいえ、宮崎にはその葉っぱをエキスに加工する工場もまだない状況で、遠く岡山県の工場でエキスを作ってもらい、それを原料としてサプリメントなどを製造販売しているのが現状とか。

「宮崎をブルーベリー葉の一大生産基地とし、そこに加工などの関連産業が生まれていくことが夢であり、最終の目標でもあります。宮崎から世界へ、です」

と山本さん。

「宮崎県もフードビジネスの中でもブルーベリーの葉については、一貫して力を入れていたのです」

甲斐さんが解説する通り、県と大学が研究そのものに着手したのは2003年。それから10数年事業として継続しているのはいわば珍しい方で、多くは数年で「これは難しいな」と別のものに切り替えられてしまう。商品販売までこぎつけているのだから、まだまだ将来性も見込まれている。

もとより、スタート時には、農家の人たちにも「ブルーベリーの実ならともかく、葉っぱが?」と作物扱いされなかったくらいなのだから。

研究によって、体にいい、というエビデンス（証拠）は揃っている。

それでも現実に使ってもらって、どう体にいいかを体験してもらわないと、よさはわからない。

トクホにも指定されていないために、その点でも一般ユーザーへの浸透は大変だし、栽培面積をなかなか増やせないジレンマもある。

越えなければならないハードルは数多いにせよ、甲斐さんも山本さんも、やがて商品の良さを世の多くの人たちがわかってくれる日が来ると信じている。

「数年計画ではなく、数十年のスパンでやっていきたい」

と2人。

やがて、宮崎県下にブルーベリーの茶畑が一面に広がる時代が、来ることを祈りたい。

「須木の奇妙人」大久保敏章さん

「匠」の枠ではちょっととらえきれない奇妙人も小林には、いる。

大久保敏章さん。

この人の歩んできた道のりは、とてもまっとうのように見えて、ちょっとどこか不思議だ。常識人のようでありつつ、そこから飛び出している。

生まれは昭和13年。須木村。生まれだけではない。57歳まで、まだ小林市と合併する前の須木村役場につとめていたのだから、「骨の髄まで須木っ子」だ。

その大久保さんが「健康づくり」に目覚めたのは、昭和50年ころ、役場の健康保健担当になったあたりからだという。

「当時、宮崎県の中でも、須木は一人当たりの医療費は市町村別で2番目に高い。こりゃなんとかしないといかん、と」

すでに高齢化も始まっていた。このままではがんも生活習慣病も認知症も増えていくばかり。手を出すなら待ったなしだ。

保健衛生係長にも就任したものの、行政の範囲で行動を起こしても、なかなか村民の健康づくりのために役立てない。もっとストレートに健康につながるものは何かを模索しているうちに、目に付いたのが「薬草」だった。

体にも良く、副作用が少ない漢方の薬草であれば、一般の人たちでも抵抗はない。しかも須木には、豊かな自然もあり、薬草になりそうな草もある。

ついに思い余って、自費で『健康への招待　・・・自然と薬草・・・』という冊子まで作ってしまった。

どの病気にはどの薬草が効くか、どの病気にはどんな治療法がよくて、食事にはどう注意したらいいかが克明に書かれた、いささかマニアックともいえそうな内容だ。

大久保さんの熱意が通じたか、須木村は、宮崎県下の市町村で5番目に医療費の低いところになった。

「やればやれる。やってやれないことはない」

自信を深めた大久保さんは、さらに薬草にのめり込んでいった。

薬草といえば漢方。漢方といえば中国。そこで無謀にも、不老長寿の薬草、万病に

大久保敏章さん

効く薬草が見つからないものかと、昭和63年、北京に足を踏み入れることにした。

北京の生薬市場には、中国4千年の歴史の中で使われてきた数えきれない薬草が売られていた。北京だけでさえこれなら、中国全土を回れば、信じられないくらいの効能を持つ薬草もあるのではないか？

それから中国三昧が始まった。身分はまだ役場の職員。だから正月休みやゴールデンウィーク、夏休みなどを利用するしかない。それでも年3～4回は中国に通った。家族と正月をゆっくり過ごすなんて考えもしなかった。

それこそ北はかつての満州にあたる吉林省から南はベトナムやミャンマーとも国境を接する雲南省まで、内モンゴルにも足をのばした。

役場の安い給料の中から調査費用を捻出しつつも、それだけではとても足りず、借金はかさむ一方だった。

「迷いました。もうこんなバカなことを続けていても、果たして意味があるのか」

大久保さんのテーマは、日本の薬局方に記載されていない植物で、万病を予防し治療できる草を捜す、というもの。そりゃ簡単に見つかるはずもない。

3年目で、あとはめぼしいところで行ってないのはチベットくらいになった。すでに借金は千万単位に膨らんでいるが、どうせなら悔いを残さないためにもチベットに行ってしまおう、と結論を下した。もはや「執念」だ。

チベットに入る前、地元のガイドから、チベットは高地でもあり、高山病にかかりやすい。血圧の高い人や心臓病の人にも危険だ、と止められた。大久保さんには高血圧と心臓の持病もあったのだ。だが、大久保さんはこう言って振り切った。

「死んでもいいので案内してください」

平成2年だった。

「紅景天」との出会いと成功

そして、いざチベットに入ろうとする前、高山病を予防してくれる薬がある、とガイドに買ってきてもらった。

効き目は驚くばかり。元氣は出るし、心臓の動悸もおさまる。疲労感も消えて、気分もよくなる。ガイドに。この薬の原料は何かとたずねると、「紅景天」という薬草だという。どうやらチベットの高山に自生しているものらしい。

ピンと来た！

大久保さんは、この「紅景天」こそが、自分が探し求めていた薬草なのではないか？チベットに入り、さらにその効能について詳しく知ることになる。

どうやらこの紅景天、チベット医学では最高の生薬と考えられているらしい。現地の遊牧民たちも、寒さが激しく、酸素が希薄な土地において、この紅景天をお茶として飲むことで免疫力を高め、病気予防をしている。

高山病ばかりでなく、体の中で起きる様々なバランスの崩れを整えられる力があるのがわかった。

地元だけではない。旧ソ連の宇宙飛行士たちも、必携のサプリメントとして愛用していたらしい。

あとで、紅景天はチベット以外でも自生するが、やはり効き目が強いのはチベット産であるのもわかった。

最初のチベット旅行でトランク一杯の紅景天を買って、帰国。

それから6年間、公務の合間をみて紅景天についての調査研究を続けた。

平成8年に役場を退職。もはや紅景天に自分の後半生を捧げる気持ちは固まっていた。

保険も解約、退職金もつぎ込み、サラ金からまでおカネを借りて会社を設立。トータルの借金は8千万円まで膨らんでいた。

しばらくは苦闘が続いたという。地元中心で売ってもなかなか販路も拡大しない。このままでは破産しかない。

広い倉庫の中、紅景天を手にする大久保さん

ここでまた、大久保さんは、チベットに行った時と同様、イチかバチかの勝負に出た。

東京進出だ。成功の目算があったわけではない。だが、たくさんの情報が入り乱れる東京なら、かえって本当にいい紅景天の効能を理解してくれるのではないか。

平成13年、東京に出ていく。

ちょうど紅景天と並んで、岩塩も売り出すことにした。ヒマラヤの海抜5千メートルの湖でとれるその塩は、自然食ブームの中で、きっと売れるのではないか？

大成功だった。一年半の間で借金の4分の3は返済した。それ以降も需要は途切れず、年間売り上げは4億円を超えるまでになった。

野尻にある、オフィス、工場、倉庫は合わせて1500坪の広さ。

売上比でいけば紅景天30％、岩塩30％、それ以外40％くらい。

ただし、「それ以外」は、紅景天を原料にした化粧品や岩塩から作った石鹸などの加工品だ。

「人が休んどる時に働かにゃ」

と大久保さんは口癖のようにいう。だが、その人生を見ていると、働くだけではないのだ。ここぞというときに全身全霊をかけて勝負する姿勢がまた大切なのを大いに感じる。

いつまでも前向き

「せっかく環境がいいのに、なぜいかしきらんのか」

大久保さんは現在の小林についての不満をあらわにした。

山もある、水もある、でも行政の研究はまだ足らない、と。

「六次産業がもっと活発にならなくてはいかんですよ」

農作物を加工して、自分たちで流通経路も作って東京などに出す、これはすでに大久保さんが試みたのと同じ道のりだ。もっとも送り出した商品はチベット産の紅景天だったが。


大久保さんは以前、小林に豊富にある木材を利用した「バイオマス発電」を提案したこともある。

木材やその枝、製材所から出るバタ（端）材、それに雑草などを高温で熱することでガス化する。そのガスを燃料として発電する計画で、「電力自由化」の流れの中で、地元の森林資源を活用した地産地消のエネルギーモデル事業だった。

だが、残念ながら、この計画は行政では検討されなかった。

「有効に利用すれば、小林市民の電気料がタダになるかもしれないのに」

ただやみくもに移住してくる人間を増やしたい、だけでなく、どうすれば移住者が住みよい町になるかを考える方が先決ではないか、というわけだ。

「井の中の蛙」になっていてはダメ、東京の企業を積極的に誘致して、小林に定着してもらえるように手を打っていかなくてはならないと、危機感を抱く。

大久保さんも、かつての紅景天の東京進出は不安でたまらなかった。だが、せっぱつまってやってみたら道は開けた。それを行政にもやってほしい、と願っているのだ。


今、大久保さんが真剣に取り組んでいるのは「がん対策」だ。

日本人の3人に1人はがんで亡くなる。だが、宮崎でも75歳を超えるとがんであっても病院には入れず、自宅での治療になってしまう。病院はすでにがん患者や認知症患者などで満杯なのだ。だったら、少しでもがん患者を減らしたい。

かつて、須木村役場時代に、地元住民の治療費を下げようと必死で薬草普及運動をした。あのころの熱気がまた戻ってきたようなものだ。

後期高齢者といわれようとも、ぜんぜん気にせずにバリバリやっている姿を見ると「やる気と気合いに年齢は関係ない」と痛感させられる。

最後に大久保さん、思い出したように語りだした。

「そうだ、鹿肉も名物にしたらいい。地元の農業、年間5億も被害出してるんだから」

須木だけで鹿とイノシシを合わせて年間千頭は獲れるとされている。ただでさえ地元の畑を荒らす鹿なら、獲った鹿を肉にして売り出せばいい。ジビエ（野生の鳥獣の肉）がブームになっている折、十分にビジネスになるのではないか、と思っているのだ。

この人は、いつまでも前しか向かない。

小林市が生んだ偉人①

森永貞一郎さん

日銀総裁時代の記者会見

略歴　明治43年（1910年）小林で生まれ、小林中学校から熊本の第五高等学校に進学。東京帝国大学法学部を経て大蔵省入省と言う、典型的な秀才コースを歩む。24歳の時に静岡税務署長に登用されたのを皮切りに、数多くの要職を経て、昭和49年（1974年）に日銀総裁となる。昭和55年には勲一等旭日大綬章を受け、小林市の名誉市民ともなる。昭和61年死去。

小林駅から歩いて10分くらい。ちょうど小林高校のほぼ向かいに、郷土が生んだ偉人・森永貞一郎さんの記念館がある。

その館の前には、森永さんの胸像もあり、それらは森永貞一郎顕彰会の寄付をもとにして出来上がったもの。

森永さんといえば、日銀総裁として、第一次石油ショック後の長期不況、第二次石油ショック時の物価高騰をはじめとした様々な経済的な難局に直面しつつ、優れた識見と不屈の信念によって、通貨価値の維持、安定に尽力した方。

つまり成長期の日本経済の大黒柱となった人物だ。

だが、森永さんの功績は日銀総裁となったのちばかりではない。大蔵省主計局長、大蔵事務次官として、戦後、混乱していた日本経済のカジをとり、鮮やかに「戦後日本」を復興させる中心人物の一人として活躍した。


その一方で、官僚のトップでありつつ高ぶることもなく、政治家に追従することもない人格者としても知られている。

そんな森永さんにとって、父・貞右衛門氏の教えは特別に大きな意味を持っていたようだ。この貞右衛門氏、地元の町会議員や商工会長をつとめ、後には日向興業銀行（現・宮崎銀行）の頭取にまで上り詰めた人物だが、子供の教育にも熱心で、１９１５（大正４）年小林幼稚園を設立し、キリスト教精神に基づく幼児教育に力を注いだ。

生来飾るところなく、自らの信念に忠実な森永さんの生き方も、おそらく貞右衛門氏の薫陶ゆえだったのだろう。

小林が生んだ逸材と言うより、宮崎県の偉人の一人で、森永さんと親しい人達によると、晩年は故郷の振興と青年の育成に役立ちたい、と口ぐせのように話していたそうだ。

第三章　素晴らしき小林市の美を創る「匠」たち

故郷・小林に戻ってきた画家・貴嶋ユミさん

動画『ンダモシタン小林』でも紹介されているように、小林市にはたくさんの「美」がある。

雄大な霧島連山や九州山地に象徴される風景。四季の色とりどりの花々。豊かな自然に囲まれた渓谷や湧水。「星空の美しいまち日本一」にも5回も選ばれたほどの夜空の星々。

美の多いところには、美を創り出す「匠」たちもいる。

中でも、長く東京の画壇で活躍し、10年ほど前に生まれ故郷の小林に戻ってきた画家・貴嶋ユミさんは、その代表的な存在だろう。

貴嶋さんのご自宅に伺うと、中はさしずめ美術館。ご本人の作品が入口の壁から二階の壁まで、いたるところに展示されている。

かつて旅行したという中東諸国やサハラ砂漠などの人や風景、歴史の地・宮崎にふさわしい埴輪などをモチーフとした作品、霧島などの地元の風景を描いたものなどが

貴嶋ユミさん

色彩豊かに迫ってくる。

さながら絵画で見る世界旅行だ。

「私はね、故郷の、この霧島の山が好きなの。ここで死ねたら本望だと思って、ここに戻ってきたの」

昭和元年（1926年）に小林で生まれた貴嶋さんには、まだ少女時代から5つの大きな夢があったという。

1つ目が「大学を出たい」。2つ目が「好きな絵の道で暮らしたい」。3つ目が「旅をたくさんしたい」。4つ目が「家を持ちたい」。そして最後が「故郷に戻って死にたい」。

その1つ目から4つ目までの夢はす

でに果たした。

子供のころから絵が好きだった貴嶋さんは、学校の先生になるために宮崎師範に入学しても、まだ内心は画家になるのをあきらめていなかった。それで終戦後、東京に出て、国会の参議院の職員になってから、その職員間で絵の展覧会をやることになった時にもためらわずに作品を出した。当時、参議院議員だった歴史家の羽仁五郎さんに、「このコはプロになれる」と認めてもらえて、とてもうれしかったという。

それもあって、どうしてもプロになりたかった貴嶋さん、人間国宝にもなった染色家・芹沢銈介氏のもとで色付けの作業を手伝う仕事をしながら女子美術大学に通う。

やがてプロの画家と認められるようになって、神奈川県の葉山にも家を建て、取材旅行で世界34か国を回った。アフリカや中東が中心で、まだ平和だったころのシリアにも足をのばしている。

すでに4つの夢を果たした貴嶋さんは、

「そりゃあ、小林で、故郷の山を前にして死ねたら本望よ」

絶対に実現させる気だ。

「山があればいいの」

小林でも、貴嶋さんが生まれた実家は西小林にあたる。

「西小林から見た霧島連山が一番キレイなのよ。真ん中にどっしりと韓国岳が立っていてね。ホッとするの」

すでに米寿を過ぎて、かつてやった海外旅行もしなくなった貴嶋さんにとっては、もう見たい光景は、故郷のものしかない、ともいう。

「寂しいよねぇ。故郷に戻ってきたでしょ。ところが、昔の友達っていったら、もう天国に行ったり、病気になったりしちゃって、一緒に思い出話ができる人がほとんどいなくなっちゃった」

話し相手さえいれば、昔遊んだ話もしたいし、絵の話や旅の話もしたい。1日中だってしたい。それがなかなかできないのが残念だという。

「ただ、のんびりしていて住むにはいいところ」

50年以上、東京の画壇にいた貴嶋さんは、その間、いい意味でも悪い意味でも刺激の強い生活が続いていた。たとえば新しい画風で注目を集める画家が出れば、その画風をうまく取り込もうとする人もいれば、ライバル視する人もいる。常にサバイバルレースが展開される舞台でもある。

少なくとも小林にはそれはない。心安らぐのだ。

もっとも、まったく地元で活動をやめてしまっているわけではない。故郷に戻り、宮崎県文化賞を受賞した後は、県内で講演も行っているし、本業の絵の展示も行っている。

ごく最近も、『エトワール展』に参加した。小林に限らず西諸全体をより文化的にしたいとの催しで、すぐ隣のえびの市在住の画家・入江万理子さんが中心となってやっている会だ。2015年8月に行われた第3回は、小林市内のイタリアンレストラン「Cucina mamma del pesce」が会場だった。

「入江さんは、パリにも留学された方だけど私より50歳も若いの。そういう人たちとも交流するのって楽しいわよね」

となると、まったく刺激を受けていないわけでもなさそう。

小林といえば、ダイアナ妃のドレスをデザインした鳥丸軍雪さんも小林市の出身であり、美に対する感性を持っている人も多いのかもしれない。

「いいのよ。他になにもなくても。小林には山があればいいの」

貴嶋さんは、繰り返し山への愛を語るのだが。

アイアン工房を経営する浜崎誠太郎さん

故郷に里帰りしてくる貴嶋さんのような方もいれば、もともと小林に特に縁があったわけではなかった「移住者」もいる。

アイアン工房「ばすぷすん工房」を野尻町で経営している浜崎誠太郎さんは、まさにそれにあてはまる。

浜崎さんのところで作っているのは、家のバルコニーや階段の手すり、パーテーションやドアノブ、棚受け、細かい装飾のフェンスなど、鉄製の様々な細工物だ。当然、デザインもする。

600坪の敷地の中には、作業場も事務所も倉庫も、さらには浜崎さん自身の生活小屋も全部入っている。

自身でその小屋の事を、「宿直室」と呼んでいて、自らを住み込みの警備員という。10人余りの従業員はほぼ地元の人が主体であり、しかも若い。浜崎さんご自身も昭和52年（１９７７年）生まれなので、まだ30代だ。出身は福岡県。移住してくるまでは小林とは何の関係もなかった。

「日本全国で捜していたら、日本一安い物件が小林市にあったんですよ。それがここを選んだ決め手です」

田舎暮らしの本で調べて見つけたのだという。

だが、安いだけではいけない。山の中過ぎてインフラが整っていないところではモノづくりは難しい。国道にも近く、原料となる鉄やペンキも配達してもらえないといけないし、ガス、電気も整っていなければ工場はやっていけない。

その点で、今の場所は国道２６８号線にもほど近く、ちょうどいい。引っ越してきたのが２００７年だった。

購入した物件は、６００坪の山林の一部に30坪の倉庫があり、初年度の固定資産税が６００坪で９６００円。

浜崎誠太郎さん

のんびりやっていけばいいや、とまずは根を下ろした。
生活費はかからない。ゴミ袋いっぱいのタマネギが500円もあれば買えてしまうような田舎暮らし。
最初の頃に植えた、たくさんの果物の木が、実りだしている。

大学は愛知県立芸術大学。

すでに鉄が好きで、大学時代からアイアンアートをやっていたのだという。

馬のオブジェやら、肉屋で使う豚の飾り物などをOBに頼まれて創ったり、当時始まったばかりのヤフーオークションに出品していた。

大学の設備で、課題の作品を創るフリをして、商売もしていた。

ただビジネスというよりは、創って売るのが楽しかった、といった方が近い。


貧乏学生であり、せっかくの大学生活ならオモシロイ暮らしがしてみたいと、大学の近くにあった「バス村」で生活を始めた。

「廃車のバスの座席を撤去しての、トレーラーハウスの様な暮らしなのです。1人1台のバスで、5人ほど暮らしてました。」

陶芸家をはじめ、音楽家やアーティストが集まる、芸術大学の近くの「小さな芸術村」。

地域の小さな劇団が劇をしたり、音楽家の小さな演奏会の行われる広場や、持ち寄りで宴会を開く小屋があり、陶芸の登り窯があり、露天風呂を作ったり、ツリーハウスを作ったり、色々な人が出入りし、毎週の様に小さなイベントが開かれる。

大学院を出て、制作する場所を失った浜崎さんは、そんな村の片隅に、制作小屋を建てて仕事を始める。

材料はタダでもらった廃材。

騒音は、近所の高校の野球部の金属バットの快音に掻き消されて、怒られなかった。

ところがそんな人生にも、転機が訪れる。

さすがに30代にもなって来ると、夏の蚊の大群と、雪に埋もれる寒さに限界を感じはじめていた。

ご自慢の、「廃材で作った小屋」にも、限界があったのだ。

楽しい芸術村を去るのは悲しいが、ずっと、ヒッピー暮らしを続ける訳にもいかない気がしていた。

秋が巡ってくる度に、心は不安に満ちたという。

雪で小屋が大きく傾いた次の春、小林に移住してきた。

会社は続けながら、「ありのまま」に生きたい

「ばすぷすん工房」なんておかしな名前は、かつての「バス村」のイメージから来ている。朽ちかけた廃車のバスから煮炊きの煙が立ち上る様子から、なんとなく「ばす

ぷすん」なる言葉を思いついてしまったとか。

「破れてもかぶれても、そのまま歩き続ける様な生き方」

そんな自身の生き方に、「ぷすん」と言う響きがとてもシックリ来るのだとか。

手広く事業経営しようとは思ってもいなかった。

イナカのたっぷりある土地を使って、自由にアイアンアートを続けていけたらいい、くらいの気持ちだった。

だがそんな思いとは裏腹に、次第に仕事の注文が多くなっていく。気が付いたら従業員が10人となっていた。

「できるだけリーズナブルに」とのお客さんの要望に応えていこうとすると、どうしても一人でノンビリ、とはいかなかったのだ。

あまりの多忙さに、電話の音に押しつぶされる夢を見るようになる。

浜崎さんなりに考えるに、需要に対して供給が少ない業種なのではないか、という。出来合わせの大量生産品は確かにたくさん出回っている。ところがオーダーメイドで注文を出そうとしても、作っている人が全国でも少ない。

職人の仕事と言うのは、最初の5年10年は、失敗も多く、失敗した分だけ赤字であ

仕事場で作業中の浜崎さん

り、働いたからと言って給料が保証されるワケでもない。

親方がカバーしてくれる業界ならば良いが、親方のいない新しい事をやろうとするならば、全て自腹を切らねばならない。

普通の生活は望めないので、みんななかなか手を出したがらないのだ。

浜崎さんは大学院を出る時、日本全国のアイアン工房の求人に応募したが、「就職氷河期」の時代でもあり、その全てを断られた。

自腹で失敗を経験に変えながら、独学で工房を続けて来たという。

イナカで工房をやっていると、人件

費も、工房の運営費もずっと安い。制作原価を低いところで設定できるために、かえって都会の工房よりも競争力が強かったりするのかも知れない。

10人の社員がいる社長さんなのだから、浜崎さんは立派な「経営者」だ。

しかし、生活費は月5~6万円で、会社自体もそんなに儲かってはいない、と淡々と語る。

結婚もしていないし、これから大金持ちになりたい欲求もない。

将来的に、従業員たちの技術的なレベルも上がれば、売り上げもアップするだろうし、みんなも豊かになっていくだろうな、くらいの気持ちは持っているようだが。

そんな浜崎さんにとって、小林は暮らしやすいところなのだろうか?

「ボクみたいなタイプの人間には暮らしやすいでしょうね」

元来、人間関係はヘタ。

お金をかけて見栄を張らないと生きていけない都会暮らしと違い、小林ののんびりとした風土は救われる部分が多かったようだ。

ほぼ引きこもりで、飲みにもパチンコにも行かずに仕事だけ、の体質なのも幸いしているかもしれない、という。

「自分の世界をもっていないと、イナカでは精神的にもたないと思います。」

地元での付き合いに参加しはじめたら、いったいどこまで付き合わなくてはいけないか、線引きが難しくなる。

だが、ヒキコモリで自分の世界を実現する為に田舎暮らしをすると言うのも、一つの田舎での生き方なのかも知れない。

どこか浮世離れしたアーティストの匂いを漂わせる浜崎さんのやっていこうとしている生き方は「ありのままに」。

南九州唯一の磁器工房を持つ川路庸山さん

よく「陶磁器」と一くくりにいわれるが、「陶器」と「磁器」とは違う。

細かい点はいろいろあるにせよ、最もわかりやすいのが原材料の違いだ。陶器は、土を焼いて作るものなのに対して、磁器は石と土を砕いた粉をもとにして作る。

仕上がりも、陶器にはどちらかといえば素朴でゴツゴツした味わいがあるのに対して、磁器はガラスのような滑らかな硬さに特徴がある。

当然、宮崎県内はもちろん、小林市の中にも陶磁器の窯はたくさんあるのだろう、と思っていたら、陶器はともかく、磁器についてはたった一カ所しかなかった。

それも、鹿児島も含め、南九州においてはそこしかないのだという。

工房&ギャラリー「庸山窯」。市の南西側、霧島連山がよく見える細野にある。

この窯を持っているのが川路庸山さんだ。昭和51年(1976年)生まれ。出身は宮崎でも高鍋だが、お父さんが小林の出身だったこともあって、18年前、そこに窯を作った。

「小林は空気も水もうまいし、霧島連山が見えるのがいいですね」

ここにもまた、霧島に魅せられた人間がいる。


庸山さんの作品の基本は有田焼だ。透明感のある白磁に、繊細な絵付けを基調としている。ただ、有田焼をそのまま模倣しているわけではない。

庸山さん自身、有田で修業をした後、瀬戸、備前、京都、常滑と陶磁器の名産地でその技術を学び、ついにはメキシコにまで足をのばしている。

川路庸山さん

既成のものではない、独自の磁器を作るべく、感性を磨いてきたのだ。
庸山さんの話を聞いていると、しばしば出てくる言葉が「空間支配」。日常使う器などによって、その場の空間を形作る、そこに器を作る目的とテーマがある、という。
例えば普段使っている湯呑を友人のところへ持って行って、改めてその湯呑でお茶を飲む。するとその湯呑がもつイメージや空気感が、周囲に溶け込んで、一つの独特の「空間」を作っていくという。
「ボクがいなくても、誰か別の人が使えば、その空間を独自に彩れるもの」

これが庸山さんが作り上げようとしている磁器だ。

食器などには限らない。ギャラリーの中を見回すと、人間の顔を形作ったマスクまである。

器は食卓を彩るが、花瓶やマスクは家そのものの空間支配が広がるのだという。

小林は不便だが、いいところ

ギャラリーの作品を見ていくと、妙なものがいくつかある。なぜか昆虫がらみのものが多いのだ。ボンボン入れのつまみの部分がバッタの形をしていたり。

「それはボクが昆虫が大好きだからです」

庸山さんは、小林の持っている自然も気に入っている。身近に生えている草花をみたり、昆虫を見たりしながら、頭の中で、その形を組み合わせていく。それで、作品に想像上の草花やバッタをあてはめてみたり。

小林の星空も大好きだ、という。

街灯がなく、くっきりと星々がよく見える。すると、何十分かのうちには、必ず流

川路さんの作品は独特の空間を生み出す

れ星がある。その光りが動く瞬間の驚きと感動は、やはり作品作りの中で欠かせない要素だというのだ。

「感動がないと、心が動かないと創作はできません」

野菜や食材も小林はおいしいとか。ただし、磁器を作るには決していい環境とはいえない。なんといっても、原料の産地が遠いのだ。

磁器を作るためのもとになる「磁石」は、南九州ではとれない。一番近くても熊本の天草になってしまう。つまり輸送コストがかかる。南九州で磁器の窯が他にないのも、それゆえなのだろう。

しかも輸送するにも、とてもデリケートだ。まわりのホコリや砂が入ってしまうと、もううまく使えない。

だが、長くいて小林にも強い愛着があるので、ここを離れることはないだろう、とご本人。

とにかく庸山さんの活動は活発だ。

主な個展だけでも宮崎県立美術館、鹿児島県立美術館から東京でも銀座松坂屋や丸の内の丸善ギャラリー、他にも軽井沢、沖縄、名古屋と全国各地で開催している。

ランボルギーニに合うシャンパングラス制作、衆議院会館への花器制作、つんくやGLAYの楽器制作など、通常の陶芸家のワクを大きく飛び越えている。

今では、布地を使った帽子のデザインまで手掛けているくらい。

また、うかがったギャラリーがいい雰囲気だ。

正統派の食器からマスクのようなヘンなものまでの作品が展示され、庭に回ると千本のツツジと2頭の馬が放し飼いになっている。カフェもついていて、ほど近い霧島連山をゆったりながめることもできる。

落ち着いてアートな気分になれる空間、ということか。

「星」のソムリエ・東修一さん

小林市が「星空の美しいまち日本一」に5回も選ばれたというのは、すでに書いている。

これをもう少し詳しく紹介すると、かつて環境省が環境庁だった20年以上前のこと。環境庁では「星空の美しいスターウォッチコンテスト」というのを開いていて、そのコンテストで1位になったのだ。

時代はどうあれ、その星空の美しさが政府にも認められたわけで、『ンダモシタン小林』の中でも、星空に関してはしっかりと取り上げられている。

そしてこの星空を生かした施設を作ろうとして、平成6年に出来上がったのが「北きりしまコスモドーム」だ。

見晴らしのいい生駒高原の一角に、天体ドーム、展示室、研修室、プラネタリウムなどで構成されたコスモドームが建っている。

ここの館長をつとめるのが、「星のソムリエ」の資格を持つ東修一さん。資格についてはあとでまた触れるとして、東さんが、どんな経緯でコスモドームに就職して館長になるに至ったかについて、簡単に紹介していきたい。

昭和32年（1957年）鹿児島市の出身である東さんは、もともとコンピューター会社の社員だった。

ただ、その一方で、趣味としてずっと望遠鏡での天体観察をやってもいた。

「中学3年の時でしたね。友達から『星を見てみないか』と誘われて、彼が持っている望遠鏡で見せてもらったんです。衝撃的でした。人生で感じたことのなかった「美」を感じたんです」

それは冬の星空だったそうだ。寒さの中で冴え冴えと輝く星たちに魅了されたという。

住んでいた鹿児島市の団地からも、毎日、星空を見るようになった。

高校は天文部。その後も「天文オタク」一直線だった。

ただ、あくまで趣味であって、それを仕事にしようとまでは考えていなかったとい

東修一さん

う。

会社の業務はこなしつつ、余暇で望遠鏡をのぞく。

そんな日が続いていると、ある日、付き合いのある望遠鏡の会社の人から、「こんな募集があるので、応募みたらどうですか」と誘われる。

それが、小林市で今度開設するというコスモドームの職員募集だったのだ。

条件は天文関係に詳しい人。仕事内容はプラネタリウムの投影作業やお客さんの応対、ドーム全体のマネージメントなどだった。

もし採用されたら小林市に移住しな

くてはいけない。だが、天文を仕事にする魅力には勝てなかったし、開設当時はまだ独身で身軽でもあった。

応募して、採用された。館長になったのは平成22年度からだという。

開発と環境保護

東さんが「星のソムリエ」の資格を取ったのは平成24年。

ではいったいどんな資格で、どうすれば取れるのだろうか？

いわゆる国家資格とかではなく、民間が運営しているものらしい。

7つある講座を受けて、単位を取得する。たとえば「星座を見つけよう」「星の文化に触れよう」「望遠鏡の使い方を知ろう」などとあって、一講座は2時間。簡単そうにみえるが、講座の日時は決められていて、場所も福岡・星野村の星の文化館であったりするため、行きかえりに時間がかかる。

都合が合わなくて、なかなか単位の取れない人もいる。

単位が修得出来たら、最後には「実習試験」だ。自分が考えたシナリオで、試験官や見学者を前に、実際に、屋外の夜空の星をガイドする。これも星の文化館で行う。

これは緊張するらしい。しかも、たとえ予定を入れていても、雨や曇りで星が出ていなければ試験は中止。

この実習試験をくぐり抜ければ、どんな状況でも星のガイドができるテクニックと度胸が身につくというのはよくわかる。

現在、宮崎県では「星のソムリエ」は2人だけ。

「でも、私くらいの知識を持っている人はいっぱいいますが」

とご本人は謙遜するが。

日本一といわれて20年以上がたって、今でも小林から見える星は美しいのだろうか？

「星が美しく見えるのは、高くて、空気が薄くて、周囲に明かりがあまりないところです。その意味でロケーションとして、小林はとても美しく見えるスポットは多いですね。このドームもいいでしょう」

近隣の大都会、福岡や熊本の人たちがやってきて、天の川の存在に気付いて感動する、といったことはしばしばあるらしい。

今ある、小林の美しい自然環境がそのまま維持されるなら、星も輝き続けるに違いない。

ただし、コスモドームの館長としては、出来るだけ多くの入館者に来てほしい気持ちもある。小林インターから約5キロ。観光客が来るためにはアクセスとしては恵まれた位置にあるのだ。

現に、『ンダモシタン小林』に取り上げられて、2015年秋には、前年と比較して、入場者は大幅に増加した。

賑わえば、それだけ環境も変化する。実は美しい星空は、人がほとんど入り込まないところほどよく見えるのだ。

開発と環境保護の問題と同じで、なかなか両立は難しいのかもしれない。

西諸弁グッズを世に送り出す・上野裕次郎さん&笹川めぐみさん

「てなんど小林プロジェクト」の一環で、西諸弁グッズとしてTシャツをはじめ、マ

上野裕次郎さんと笹川めぐみさん

グネットなど様々なものが販売されている。

なんと小林市では、小林らしい魅力が詰まった商品やサービスを「てなんど小林プロジェクト」認定商品とする認定制度をはじめて、「西諸弁Tシャツ」はその認定第一号なのだ。

この「認定制度」がまた、動画『ンダモシタン小林』と同じようにユニークだ。

他の市町村で行っている「認定制度」は、たとえば著名な特産品として知られる農産物や加工品、伝統工芸品などをブランドとして認定する、特産物のPRや販売促進のために行っているもの。

ところが小林市はそうではない。「地域に眠っている様々な小林らしさを掘り起こして発信することにつながると考えられること」が認定の基準。

確かに、地元の方言をプリントしたTシャツが認定商品になる、なんて、あまり他では聞いたことがない。

このTシャツを販売しているのが、駅から徒歩3分ほどのところにあるカフェ兼雑貨屋「Saboribar（サボリバー）」。

お店があるのが、赤松通りというオシャレな商店街で、「Saboribar（サボリバー）」の隣りに「ベクターデザイン」がある。

実はこの「ベクターデザイン」で、Tシャツのプリントや、西諸弁グッズのデザインなどが手掛けられているのだ。

メンバーは上野裕次郎さんと笹川めぐみさん。どちらも小林出身だ。

2人はもともとデザイン関係の仕事をずっとしていたわけではない。

上野さんは昭和47年（1972年）の生まれて、専門学校の経理科を卒業して、たまたま就職したのが熊本の看板作りの会社。一応のデザインの基礎は学んだが、ほぼ独学。実家が農家で、その跡を継ぐために帰ってきていたという。

笹川さんは昭和48年（1973年）の生まれ。鹿児島の短大でピアノを学び、小林に戻ってすぐに結婚。

それぞれがまったく別の道を歩いていたのだが、2人とも、小林に細かい作業、たとえば商品にロゴを入れたりするのに企画から納品まで出来て、しかもごく少量のロットで請け負うような会社がないのは気にかけていた。

野球のユニフォームなどのデザイン、プリントを長年やっている会社はあった。が、せっかく地元で何かもりあげようと新しい商品企画を考えても、実現できるシステムが整っていないのだ。

「私たちでやってみよう」

と2人が起業したのが2012年。上野さんが持っていた看板のデザインの技術が下地になっている。

町に、通りに「元氣」を

会社も順調に推移していった。上野さんによれば、

「ウチはデザインもやりますが、基本はプリント屋なんです」

小学校、中学校の校章や社章のついたポロシャツやイベント用ののぼり旗、屋外看板などのプリントをする。もちろん、注文があればパソコンソフトを駆使してデザインも手掛ける。

2016年、小林市と須木村が合併して新市が誕生して10周年を記念して開催された「ギネス世界記録に挑戦！」というイベントがあった。挑戦したのは「一つの椅子に連なって座った最多人数」で、見事2067人の世界記録を達成したのだが、「ベクターデザイン」も、さっそくイベント用記念Tシャツを制作販売している。

「急な注文にも対応できるのがウチの強みです」

と笹川さん。

市役所から「Tシャツを作りたいのですが」と問い合わせがあった時も、即座に、

「ベクターデザイン」もある赤松通り

「お任せください。ウチなら全工程できます」

と返事をしたという。いわゆるネット販売だけではなく、「明日5枚だけほしいのですが」といった注文でも受けられる、と。

もっとも、西諸弁Tシャツについては、デザインはやってはいない。あくまで上がってきたデザインをプリントしてほしいとの注文だった。

どんな仕事でも地元のためになるなら、と快く引き受けた。

地元でも、「ベクターデザイン」の名前は次第に浸透している。

だいたい小林で何か「デザイン物」を注文しようとすると、いったいどこに頼んでいいのかわからなかったし、せいぜい他の地域の会社にネット注文するのが普通だった。

それが「ベクターデザイン」があることによって、高校のクラスでTシャツ作ろう、とか部活Tシャツを作ってみよう、といった動きもよく出てくるようになった。

「おかげで生徒たちが学校帰りに寄ってくれたりするようになったんですよ」

と上野さんも喜んでいる。

部活の部員は5人だが、両親やおじいちゃんおばあちゃんも合わせて20枚以上の注文、なんていうこともある。

たんにデザインやプリントだけでなく、町を活性化させるための拠点としての役割も担っている。

赤松通りも、残念ながら数年前は、日本の地方都市の駅周辺にはよくある「シャッター通り」だった。

その状況を少しずつ変えていこうと動き出して中核となったのが、ベクターデザインと「Saboribar（サボリバー）」だったという。

両方で、イベントを開いてTシャツなどを売ったり、いろいろな仲間たちに声をかけたりしているうちに、人の流れも変わってきた。

「元氣」が出れば、まわりもノッてくれる。あそこなら何かオモシロいことしている、と注目されだすと、人も来るし、いろいろなところから話も来る。観光協会と協力してのイベントなどもできるようになる。

小林の活性化のカギは「売る人」の育成

「小林の人間は地元の良さをあまりわかっていないんじゃないかな」

と笹川さんは嘆く。

水は当たり前のように飲んでいる。霧島連山の風景も当たり前のように見ている。まさかこれが価値あるものなんて、考えもしていない。

『ンダモシタン小林』で話題になったのを知って、「あれ？ そういうのって価値があるんだ」と初めて認識したようなところがあるらしい。

有名な戦国武将がいなかったから大河ドラマの誘致は無理、長渕剛みたいな有名歌手もいないから地元でビックイベントはできない、そんな泣き言を並べて、結局は何もしないケースも多かった。

そうした価値観も、『ンダモシタン小林』や西諸弁標準語化計画をキッカケに、だいぶ変わりつつある、とも。

「別にどこでもやっているような形で故郷をアピールしなくたっていい、もっと自由に、そんなのあり？　な発想でやっていってもいいんですよ」

Tシャツネタは、やっている市町村の数は多い。特産品を普通に東京都などの大都会に持っていこうとしても競合するばかり。

じゃあ、どんな手を使うのか。今までの発想から離れた「新たな特産品」を世に出すためのNPO法人を作る予定はあるらしい。でも、その「新たな特産品」っていったい何かをたずねると、

「それは、ちょっと待ってください」

まだ公表はできないらしい。

上野さんも笹川さんも、とても小林市役所の動きは歓迎している。

「素晴らしいですよ。小林にいてよかった、と思います」

西諸弁標準語化計画でも、アイデアだけに終わらせずに、様々なグッズ販売までに結びつけるパワーに感服している。ベクターデザインも、そのうちのいくつかにはデザイン段階から関わっているのだ。

行政がまず仕掛けをして、民間が一緒に動く、これは小林ならではだと言う。『ンダモシタン小林』にしても、行政側が動き出して生まれたものだ。

確かに小林の行政は、世間の注目を集める力はもっている。だが、それを経済ベースで支えて、地元におカネをもたらす人もまた不可欠。

この次は、うまく「小林ブラント」を守り育てて、ビジネス展開をしていく人たちが必要ではないか、と二人は考えている。

「作る人、開発し広める人は、います。売る人もいないと」

やはり地域の活性化は、おカネがちゃんと回らないと本当にすすんだとはいえないのかもしれない。

小林市が生んだ偉人②

黒木国昭さん

略歴　昭和20年（1945年）小林で生まれ、県立小林高校卒業と同時にガラス会社に就職。昭和49年（1974年）から創作活動を開始し、昭和52年（1977年）国家ガラス技能一級を取得。独立後、平成元年（1989年）グラスアート宮崎綾工房を創設し、ガラス工芸では初めての国の卓越技術者「現代の名工」を受賞。西洋のガラスの素材に日本の装飾美・琳派などを融合させた新しい世界を生み出した。

今、日本のガラス工芸家で、黒木さんほど輝かしい栄光に包まれている「匠」はいないだろう。

日本国内はもちろん、海外でもその評価は高い。日仏芸術文化賞受賞、フランスパリ芸術祭大賞受賞、ローマ国際美術博覧会ローマ大賞受賞と数々の賞を受け、平成20年（２００８年）には、ガラス芸術の最高峰・ヴェネチアのカ・ペーザロ博物館での展覧会を大成功させている。

小林市が生んだ世界有数のアーティストというべきだろう。

そして、その作品の最大のテーマとして、常に西洋的な素材である「ガラス」と、日本の伝統美や歴史文化の融合というものがあった。

まず、黒木さんの最も代表的な「琳派」シリーズ。あの尾形光琳を中心とした、絢爛豪華でかつ繊細な「琳派」の世界を、ガラスアートに凝縮させている。

「日本の歴史ロマン」シリーズも鮮やかだ。広重、北斎など、世界史にも名を刻む絵師たちの作品に範をとりながら、作家独自の解釈を加えたガラスアートが作り出されている。

一方で、19世紀に全盛を迎えたアール・ヌーヴォーにジャポニズムの要素を加味して作り上げた「新世紀ロマン」シリーズ、江戸・薩摩切子を現代によみがえらせた「綾切子」シリーズも極限の完成度を誇っている。

日本人とはいったい何か？　日本の美とはどんなところにあるのか？　それを常に追い求める姿勢が、かえって海外での評価を高めている原因なのかもしれない。

現在は小林市に隣接する綾町に工房を構え、壮大な照葉樹林の森の中で、弟子たちとともに西洋と日本の美の融合に力を注ぎ続けている。

付録　小林市とその周辺のパワースポット

最後に、小林に来たなら、
ここに立ち寄って、
ぜひその美しさを味わい、
元氣をもらって帰ってほしいという
パワースポットをいくつか紹介しておく。
実際に私自身も、現地に行き、
たっぷりのパワーをもらってきた場所だ。

三之宮峡

場所でいえば、小林市中心街からやや東北側。須木に向かう国道265号線を、少し入ったあたりにある。浜ノ瀬川に沿った渓谷だ。

霧島連山の溶岩の侵食で生まれたらしい。小林駅前から車で10分くらいあればいける距離だし、遊歩道も充実しているので、観光スポットとして、行楽客は多い。

渓谷の様子を見ながら散歩が楽しめる「三之宮峡遊歩道」は、かつては木材などを運ぶトロッコ道として使われていた道。一キロほどの長さの中に11ものトンネルが連なっている。

さらには渓谷の途中には、「残したい日本の音風景百選」にも選ばれた「櫓の轟」をはじめ、月明かりの夜に河童が遊びに来ると伝説のある「河童洞」、畳を敷き詰めたように見える「千畳岩」などの名物もある。

特に美しいのが秋。周囲の椎や樫などの照葉樹に混じる紅葉と岩とが一体となって、来る人の目を楽しませてくれる。

というわけで、実際に遊歩道を歩いてみる。ちょうど来る前日が雨で、道はぬかるんでいる上に、11あるというトンネルの出入り口などでは、水が滝のように落ちてくる。

このまたトンネルというのが、JRの新幹線のトンネルなんかと一緒にしてはいけない。どうやら手掘りで一つにつき何カ月もかけてコツコツと掘ったらしい、どちらかといえば「洞窟」のようなところ。長くても50メートル、短いところは10メートルちょっとと距離も短い。

ただ、風景を楽しむという点で、トンネルは大きなアクセントになっている。映画や小説でも、トンネルの先にはどんな世界が開けているのだろう、とワクワクさせられるシーンがよく出てくる。一瞬、視界がすべて閉じられて、またそれを抜けるといっぺんに開ける、というのは、人間の好奇心を刺激するのだ。ディズニーランドの「ジャングルクルーズ」なんて、こういう効果を狙っているのかもしれない。

紅葉のシーズンはことさらにキレイだろうが、雨降り後のぬかるみも、どこかしみ

三之宮峡遊歩道の終点にある橋満橋

じみしてして、これはこれで味わいはある。

雨の後だけに、水の勢いは強い。

「日本の音風景百選」に入った「櫓の轟」のゴーッといった感じの音も圧巻ではあったが、それ以外の場所の音もなかなか強烈。つまりここは、「水のパワースポット」なのがよくわかる。

人々が水のパワーで元氣をもらうのだ。

地元の人の話では，ここの水は霧島連山ではなく、九州山地側から来た水が流れているらしい。

はいていた靴は泥まみれ、頭はトンネルの上から落ちてくる滝で水まみれ。が、行きかえり2キロ歩いてみると、水の音とヒンヤリしたトンネルの冷気で、清々しい気分になれるから不思議だ。

陰陽石

三之宮峡の下流、浜ノ瀬川の中にドンと立つ。

一応、地学的には、およそ180万年前に活発化した火山活動によって火山灰や溶岩が堆積。それが川に侵食されて出来たもの、と注釈はあるが、一目見ればその形の奇妙さはよくわかる。

高さ17メートルあまりの、男性のシンボルとしか見えない男石と、すぐそばに、どうみても女性の性器ように見えてしまう女石が並んでいるのだ。

これはもう、一目見てすぐにわかる「パワースポット」だろう。

その形状ゆえに、古くから縁結びや、子宝を授けてくれる神様として崇められてはいた。

現在でも、小林随一の観光スポットとして、数多くの人たちがやってきて、毎年秋分の日には、「陰陽石祭り」も開かれる。

ちなみに明治の詩人・野口雨情がここにやってきた時、こんな有名な歌を残している。

「浜ノ瀬川にゃ二つの奇石　人にゃ言うなよ　語るなよ」

さっそく駐車場で車から降りて歩き出すと、すぐにあの巨大なシンボルともいえる男岩の一部が目に入ってきた。それに比べると、女岩の方は、近寄ってみても、どうも完全に「アノかたち」をしているのかどうかがよくわからない。

しかしこの二つの石以上に興味が惹かれたのが奥の方に並べられた男女のシンボルの「オブジェ」。ごく当然のように、置かれている。

もっとも地元の人によれば、

「以前は、ここに秘宝館もあって、こんなものはゴロゴロと展示されていたんですよ」

とのこと。

また男のシンボルのとなりには銭型のさい銭箱があり、「おカネを入れると千万倍になって帰ってくると言い伝えられる。金運に強し」なんて立札がたっている。

性欲だけでなく金銭欲まで満たしてくれるというわけか。とりあえず10円玉を入れる。

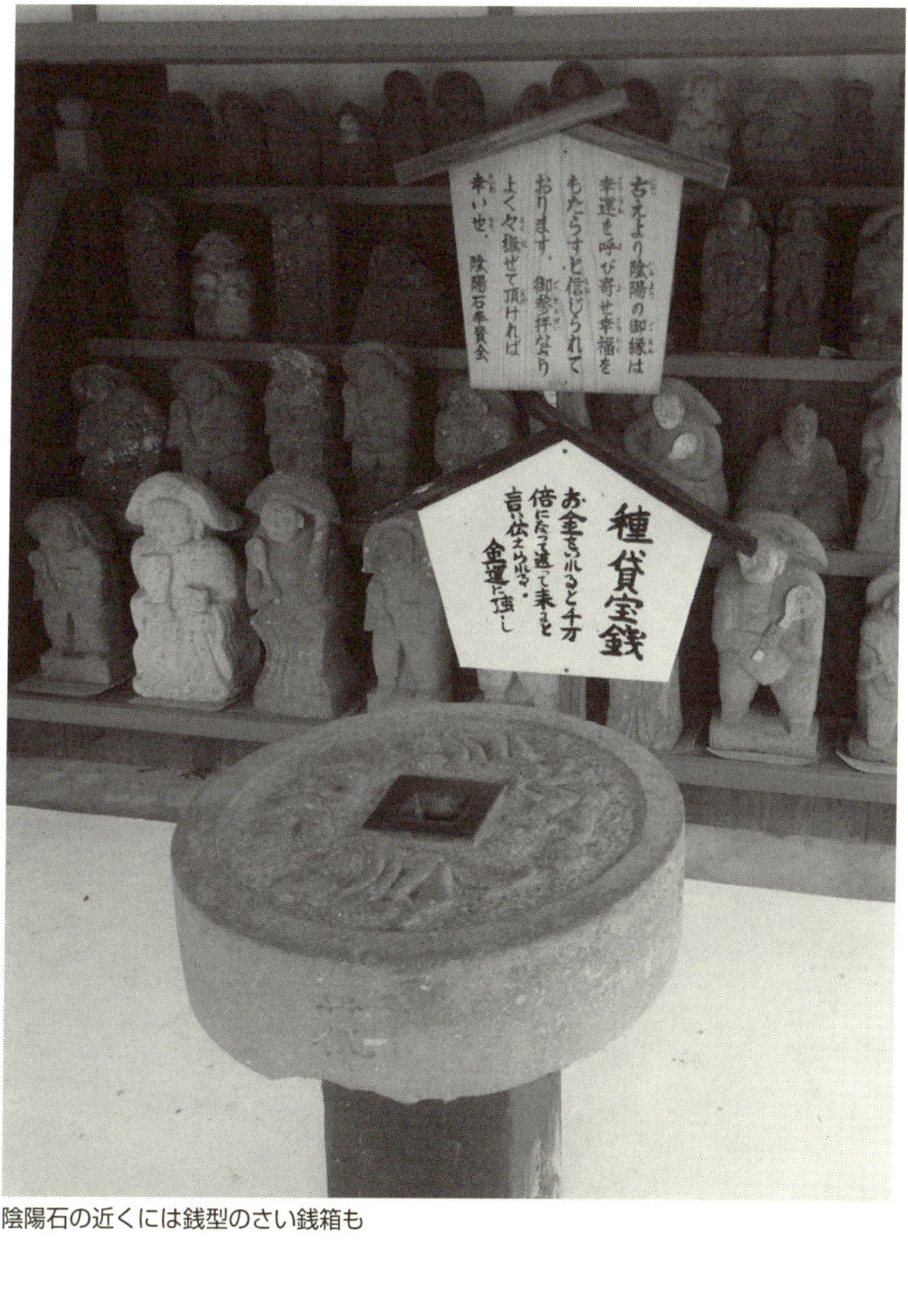

陰陽石の近くには銭型のさい銭箱も

こんな看板もある

いつか1億円が手に入るのを祈ろう。

日本広しといえども、これだけパワースポット然としたパワースポットは他にはないのではないか。

霧島岑神社

小林市の南部に位置する霧島岑神社。

その起源は古く、『続日本書紀』には、平安初期の承和4年、霧島岑神社は従五位下の位を授けられた、との記載があるくらい。古く由緒正しい神社であるのは間違いない。日向（現・宮崎県）に本拠を置いた、あの神武天皇の祖先にあたる「日向三代」とも深い因縁があるといわれる。

もともと霧島連山の周辺は、土地柄からいっても日本神話に登場する神々が祀られた神社がたくさんあり、パワースポットの要素を強く持ってもいたのだ。

その霧島のパワーをより強固に、体系化したのが平安時代中期の天台宗の僧・性空だったといわれる。若き日の性空は、霧島でいわゆる修験道の修業をしたとされ、霧島連山一帯も、いわば山そのものが信仰対象となる山岳信仰が盛んな土地柄だった。富士山、熊野などと同様だ。

そんな土壌の中で、性空が整備したのが「霧島六社権現」。

霧島岑神社では、対の仁王像が迎えてくれる

今も残る六つの神社を総称してそういうが、この霧島岑神社は中でも最も古くからあり、全体の中心として信仰を集めていた。

はじめのころは、霧島でも、相当な高地に社が建てられたといわれている。

だが、たびかさなる噴火によって火災が繰り返され、そのたびに下に降りてきて、現在の位置で落ち着いたとされる。

たずねてみると、さほど大きな神社ではない。

鳥居をくぐると，参道の階段のとこ

ろに、対になった仁王像。

境内では樹齢数百年を誇る杉などが迎えてくれる。

入口付近はごく地味なたたずまいなのが、境内に入るに従って、神聖なパワーが広がっていくような、山岳系の神社特有の匂いがある。かつて、社がもっと山の上の方にあった当時は、それがさらに強かったのかもしれない。

狭野神社、霧島東神社

この二社は小林市内ではなく、隣りの高原町にある。
ただ、霧島岑神社を少し南下すればすぐに行けるのと、岑神社と同じ「霧島六社権現」に含まれてもいるので、少し足をのばしてみた。

狭野神社は、特に江戸時代、島津家の信仰があつく、社殿の寄進などもしばしば行われていたらしい。

特に良く知られているのが、鳥居から社殿まで約1キロにわたる杉並木の参道。ここを通らなくては狭野神社に来た意味がない、といわれているが、私、最初は裏側から本殿に入ってさい銭をあげてしまった。

すると地元の人に「参道を通らなきゃ」と注意されて、改めて参道を行くと、心洗われるような気分になり、「やはり地元の人の話は聞いておくべきだな」と感じた。

狭野神社の巨木

霧島東神社

霧島東神社には名物ともいえるものがいくつかある。

参道には、神龍の泉「忍穂井（おしほい）」や、らせん状に上っていく途中に、しめ縄、石灯籠で囲まれた遥拝所もある。ちょうど私たちと同じ時に上っていた欧米人らしき観光客は、この遥拝所の前で懸命にお祈りをしていた。

意味はよくわからなくても、ついお祈りをしてしまう力を持った場所なのだ。

霧島連山の高千穂峰の頂上は飛び地の境内になるそうで、そこには坂本龍馬が妻・おりょうと一緒に引き抜いたので知られる「天の逆鉾」もあるらしい。

あとがき

動画『ンダモシタン小林』をきっかけに、2度にわたって小林を歩き回った。

1回目、のんびり時間が動く町の中を、アタフタした都会ペースで動き回って、すっかり疲れてしまった。

それで2回目、あまり予定を入れず、小林駅前のベンチでボケッと1時間くらいたたずんだりした。

つくづくオモシロい町だな、と実感した。人通りもほとんどなく、電車も1時間に1本くらいしかやってこないところから、あんな動画や西諸弁標準語化計画なんて、時代の最先端のその前を行っているような企画が発信されている。

市内を歩けば、いたるところに、ぜひ紹介したくなるようなユニークな活動、世の中のためになるような活動をしている人たちがいる。

その落差こそが、小林市の持ち味なんじゃないか。

これが、アタフタした都会ペースに巻き込まれるようになってしまったら、ちっともオモシロくなくなる。

取材にご協力いただきました市長はじめ、小林市役所の皆さま、インタビューを快くお受けいただいた「匠」の皆さま、それに取材時に様々なお力添えをいただいた荒武賢明さま、大岐直成さま、どうもありがとうございました。

人口が増えなくてもいい、大都会から企業がどんどん入ってこなくてもいい。小林市がこれからもオモシロいところであり続けることを期待しています。

平成28年6月

山中伊知郎

(著者プロフィール)

山中伊知郎

昭和 29 年(1954 年)東京出身。お笑い関連、健康関連などの単行本を数多く執筆。近著には『「心の病」は、腸を診れば治る !?―長崎発★東洋医学医師田中保郎の挑戦』『沖縄で腸をケアして健康長寿』(どちらも山中企画)などがある。

動画『ンダモシタン小林』から辿りついた
小林市の美と元氣を創る「匠」たち

2016 年 6 月 10 日初版発行

著　者◆山中伊知郎
発　行◆(株)山中企画
〒114-0024 東京都北区西ヶ原 3-41-11
TEL03-6903-6381　FAX03-6903-6382
発売元◆(株)星雲社
〒112-0012 東京都文京区大塚 3-21-10
TEL03-3947-1021　FAX03-3947-1617

印刷所◆モリモト印刷
※定価はカバーに表示してあります。

ISBN978-4-434-22050-0　C0095